コントとミシン

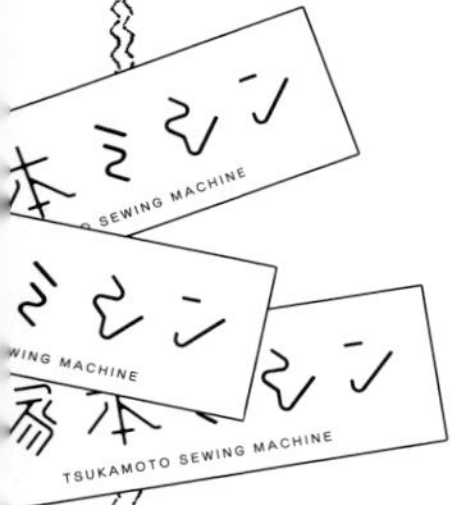

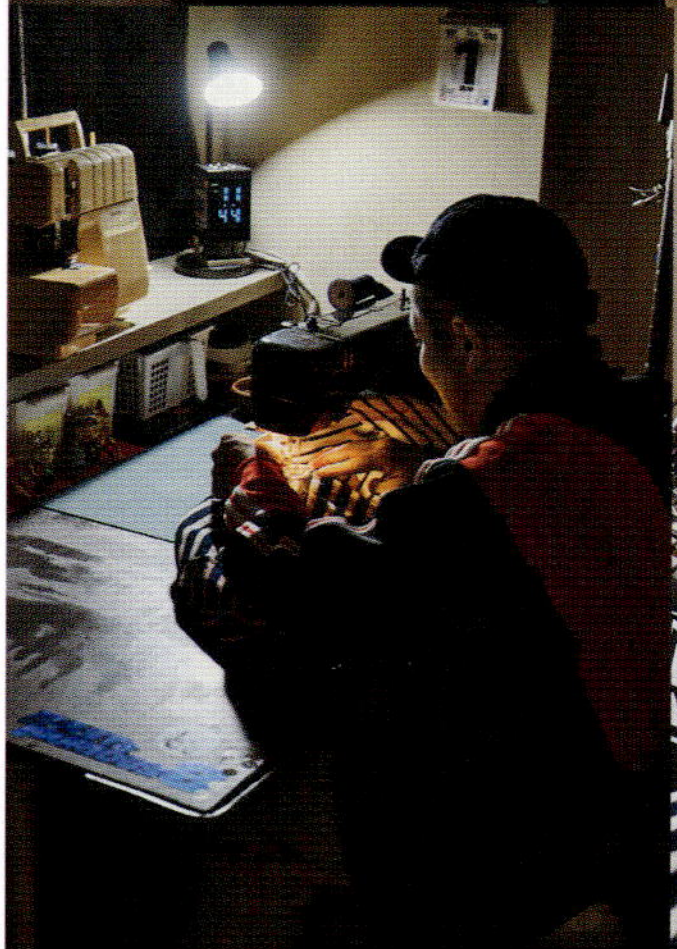

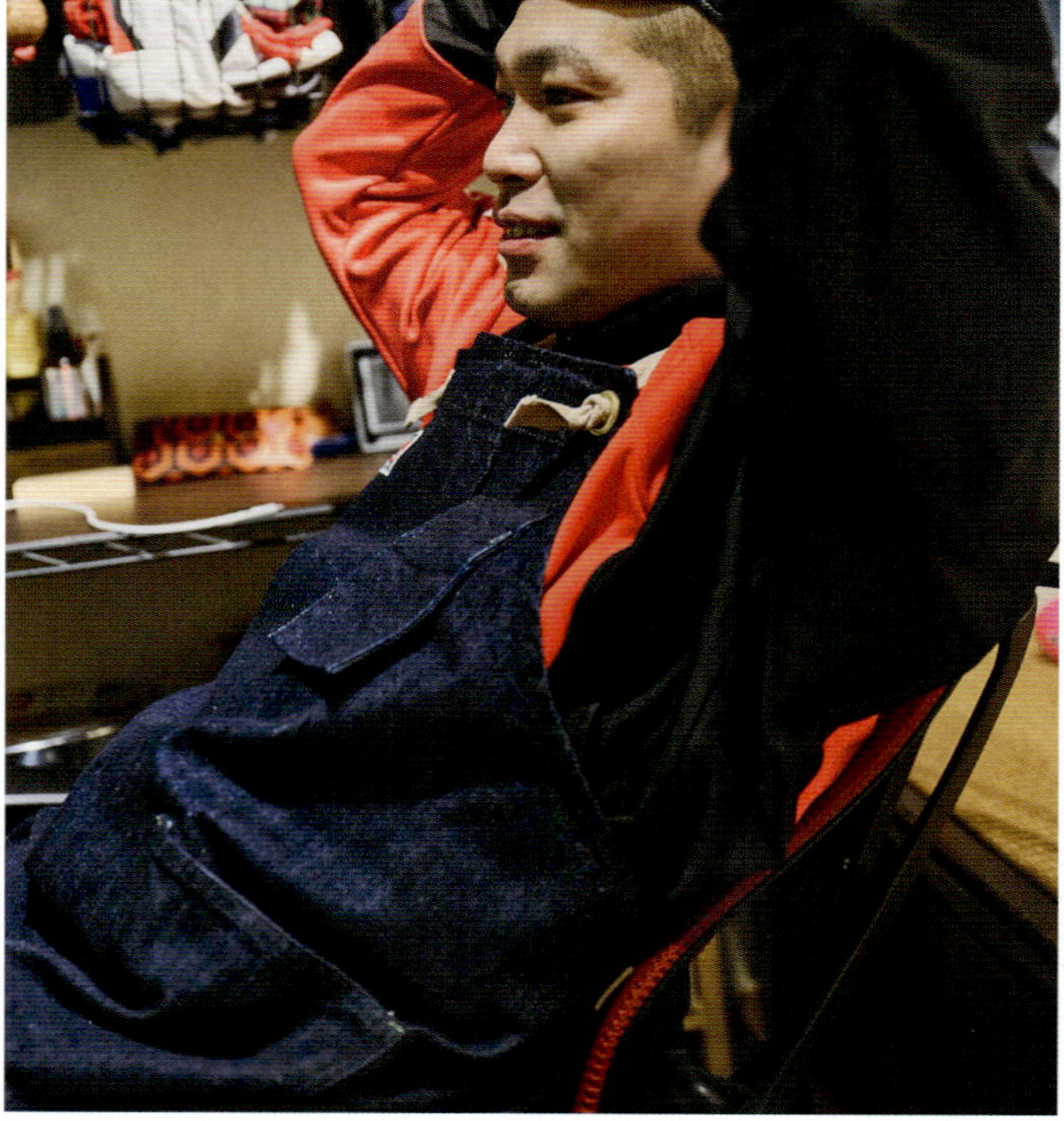

LOWE'S

COSMO

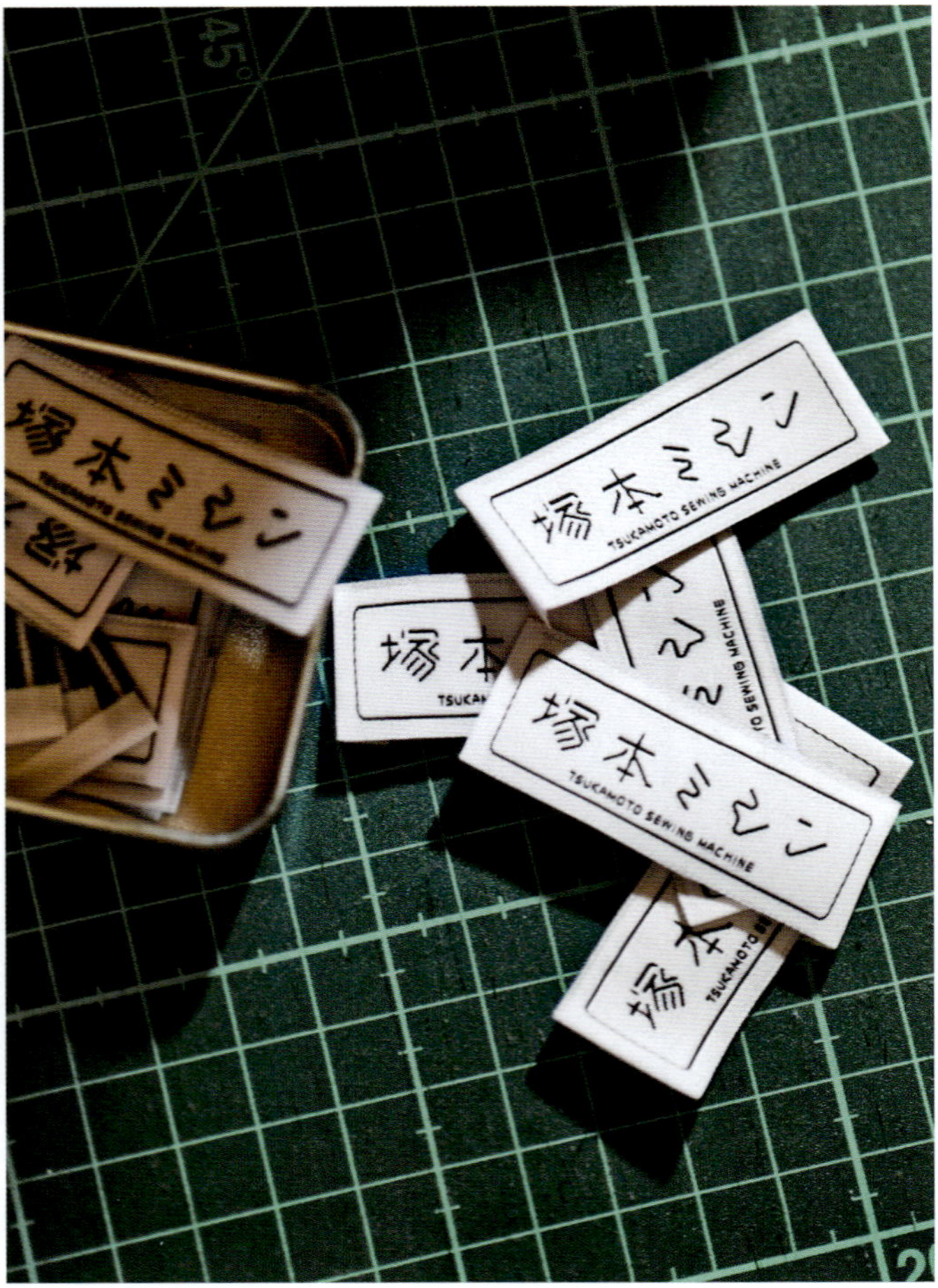
塚本ミシン
TSUKAMOTO SEWING MACHINE

ミシンを始めたのは、ちょうど妻が出産準備にとりかかっているころだった。

日増しに大きくなるおなかは、これからの生活の変化を予感させるものがあり、妻は「ここにベビーベッドを置いて、ここは衣装ラックにして……」と、もうすぐ生まれてくるわが子のために家の中を整理していた。

ふたりで過ごしてきた家に新たな命を迎え入れる準備が続くなかで、夫が突然、ミシンを買ってきた。このときの妻は、いったいどんな気持ちだったのだろうか。

「わが子のために裁縫男子に目覚めたよき夫」という、とても円満な想像もあるかと思う。しかし僕は、ミシンを買ってからの10日間で手持ちのTシャツを30着以上サイズアップするという、わがままなミシンに興じていた。「相方のコロナ療養中に何ができるかな?」のアンサーとして、ミシンに没頭しただけだったのだ。

それまでも洋服に興味はあったが、それは人並みのもので、作りたい欲求とかミシンを買いたい衝動などはなく、正直な話、そんな自分だからこそ、急にミシンを始めることがお笑い的にヘンでおもしろいかな、という薄べったい魂胆だった。

そんなきっかけでミシンを始めた夫を妻がどう思ったのか、怖くていまだに聞けていない。

ミシンを始めて数週間後、玄関先に置き配の荷物が届いた。それは、リメイク用に注文した大量の剣道着だった。

こっそり回収するつもりが、先に気づいた妻が「これはなぁに？」と聞いてきた。なんて説明しようかと言葉を探しているうちに、妻が中身を確認。10キロの米袋ほどの荷物の詳細を知った妻はそのまま何も言わず、少し微笑《ほほえ》んでから奥の部屋へと戻っていった。

……あ、これはちょっとまずいかも……。

妻の顔に「どういうおつもりですか？」と書いてあった気がして、というか、言葉にしないメッセージのほうが刺さることってあるんですね、以後コントで生かします、なんて思いながらきっちりと反省し、その日から、自分とミシンの距離感について考えるようになった。

振り返ってみると、ミシンをきっかけに、家に帰れば布ばっかりさわっていたように思う。妻の妊娠中にどうして布ばっかりさわる必要があるのか。

これは夫としてあまりにもどうかしている。

我に返った僕は、おなかが大きくなってきた妻のワンピースを作ろうと思い立った。

「マタニティ用の服っていろいろあるけど、どれも似通ってたり、短い期間しか着られないのに割高だったりで、なんだかしっくりこないんだよね」そう妻がもらしていたのを思い出し、ここしかないぞ、という気持ちで準備を開始したのだった。

「型紙から作る」なんてスキルはないため、古着のワンピースを買ってきて、そこに生地を足す方法で製作。なるべく肩から胸あたりまではもとのサイズを生かしつつ、おなかから下は広がりが出るように、古着を挟み込んで縫いつないでいく。デザイン的にちょうどいいイラストがあったので、それがおなかにくるようツギハギのバランスも考えてみた。

……お？　……え、思ったよりもいいじゃない？　ツギハギだけどまぁ、そういうデザインだと考えれば、ねぇ。

　完成したワンピースをドキドキしながら妻にわたすと「ありがとう！」と言って、すぐに着てくれた。サイズもちょうどよさそう。そしてなにより、妻が喜んでくれている。

　初めて人のために作って喜んでもらえたその感覚は、初めて人前でコントをやって笑ってもらえたあのときの感覚に少し似ていた……なんてカッコいいことを思う余裕はなく、単純にうわー、よかったー！と思った。

　いやぁ、サイズ的に心配だったし、裏側チクチクしない？　おなかまわりもイケてるよね？　いやぁ、よかったよかった！　あー、安心した！

　……言語化すればするほどダサい感想になってしまうが、出産を迎えるまで何度も着てくれている妻の姿を見ていたら、あぁ、これはミシンを買って本当によかったかもですね、と思うようになっていった。

それ以来、わが子が誕生してからは、日に日に大きくなっていく娘のために洋服をサイズアップしたり、妻の着なくなった洋服でワンピースを作ったりと、なるべく家庭に寄り添うミシン生活を心がけている。

もしあのとき、ツギハギのワンピースを作っていなかったら……。「妊娠中に旦那が布ばっかりさわっていたので、もう別れます」なんていう、ミシン離婚があったかもしれない。

家庭とミシンの両立。これ、大事ですね。あと本業。これも大事です。娘の成長だって大事だし、家族の健康も大事。大事にしたいものが増えるのはいいことですよね、なんて言い聞かせながら、今日もミシンを大事に使い続けている。

CONTENTS

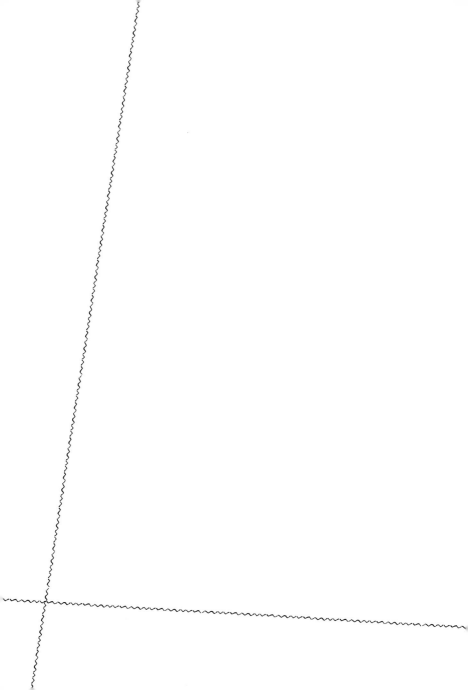

広がるリメイクの世界

実家に連絡をして、父親がもう着ていない、タンスに眠っている洋服を送ってもらってシャツを作ったときのこと。

え、これ、もしかして半永久的に着られるんじゃないですか?という気持ちになった。ダメージのある箇所は外して縫いつなぎ、補修もデザインのように見せれば、ずっと着られちゃうんですけど。

そんな経験から今、娘の成長とともに作り替え続けている1着がある。

それは、尊敬する先輩である「東京03」飯塚さんから出産祝いにいただいたロンパースをもとにしたもので、あっという間にサイズアウトしたところを別生地を足して大きくしたり、ロンパース自体を着なくなったので前開きのカーディガンに変えたりして、今なお現役で娘に着せているのだ。

そして、この先もまだまだ作り直しがいがあるぞ、とにらんでいる。

どこまで着ることができるんだろう、という実験心もありつつ、本当にいけるところまで作り替え続けてみようと思っている。娘の趣味趣向に上手に合わせられれば、20歳を過ぎても着られる出産祝いに生まれ変わるかもしれない。そんなことが本当にできたら、すんごい話である。


地元・浜松に「超林鋪」という憧れの洋服屋さんがあった。

知る人ぞ知る的なその店は、当時高校生だった僕にとって「あの店、知ってます、行ってます、ハイハイ」みたいな優越感を抱かせる存在で、とはいえ高校生が簡単に買える値段ではなかったため、もっぱらウィンドウショッピング勢として通っていた。店員さんからしたら、面倒な学生だったと思う。

もうすでに店はなくなってしまったのだが、ミシンを手にした今、超林鋪が出していた洋服をネットで探しては集め、自分サイズにリメイクして着られるようになった。

青春大復活。「ファッションは循環・リバイバルする」なんていわれるが、勝手に循環、というか逆走して自己満足している。

手の届かなかった憧れの洋服たちを再構築して着ることになるなんて、当時からしたら考えられない。

今のところ、限られた手法でのリメイクしかできないが、もっと上達すれば世界はどんどん広がるし「染める」なんてことまで始めたら……。

「黒くてカッコよかったから」という、小学生のころにミニ四駆を買った感覚と同じ理由で購入した1万円ちょっとの家庭用ミシン。その可能性は無限に広がっている。

ユニフォーム・リメイク

サッカーやテニス、卓球に野球など「ユニフォーム」のリメイクにハマっている。

ヤフオクやメルカリで何か変わった素材はないかなぁと探していたときに「昔着ていたけど今はタンスの肥やしになってます」みたいな、学校名や地域名の入ったユニフォームがたくさん出てきて、おぉ、これは確かに行くあてがなさそうだぞと思い、それらを譲り受け、使わせてもらっているのだ。

特に卓球や軟式テニスの古いユニフォームは、独特なデザインが入っていてワクワクする。球が躍動する様子や、打球を捉えたインパクトの瞬間などがカラフルな流線形でデザインされていると、あーーいいですねぇ、と惚れ惚れしてしまう。ユニフォームというだけあって着心地もよく、夏着に最適なのである。

そもそも「ユニフォーム」というもの自体に惹かれている部分もある。崇高で、憧れの象徴のような、選ばれし1着。それがタンスの中でリザーバーになり続けているのは、物悲しい事実である。断捨離なんてもったいない。私にください。

そんなふうに考えるようになったのは、自分がけっこうキツめの部活を経験してきたからだと思う。

高校のとき、僕はテニス部に入った。

入部して2日目、校内で先輩を見かけて「こんにちは」と挨拶したところ、先輩が目の前までやってきて、おでことおでこをつけた状態で「てめぇ、挨拶がなってねぇーんだよぉ！」とおキレになった。衝撃的だった。

中学時代、どう転んでも不良がスクールカーストの上位にくる環境がイヤすぎて、必死に勉強しまくって「不良ゼロ」といわれている進学校に合格し、軟派なイメージのテニス部に入部。のんびりテニスができればいいなぁ、くらいに思っていた2日目、先輩がチューする距離で激ギレ……吐くかと思った。

「こんにちは」という挨拶の、どこが「なってねぇ」んだろうか。

「挨拶は『こんちわーーーーーーーっす』だろぉ!!』

また衝撃的だった。あなたはチューする距離で何をおっしゃっているんですか？

うまく伝わるかわからないが、この「こんちわーーーーーーーっす」の分析をすると、言い方として「こんち」までは普通の速度で。「わーーー」からはなるべく長く伸ばし続けるためだけに、いったんキーもローに下げる努力をしている。子供のころ「どっちが長く『あー』って言えるか勝負ねっ！」とかやっていたときの「あー」と、出し方がほぼ一緒。

……えっと、その努力はなんですか？？

「言えよぉ！」

まだキレている先輩。仕方なく、見よう見まねで「こんちわーーーーっす」と言ってみると「みじけぇよ、てめぇナメてんだろぉ!!」と言って、おでこをゴンゴンやってきた。

長さに関しては、初体験なんだから勘弁してほしい。

そして、ここまで僕があまり動じずに対応できているのは、相手が不良ではなく、明らかに見た目がガリ勉の類いだったからだ。

何をそんなに無理してキレることがあるのか。先輩はこちらの顔面にカチャカチャとメガネをぶつけながら「てめぇ外周3周な」と言って去っていった。

移動教室に向かう休み時間にとんでもないカミナリを落とされた僕は呆気にとられ、まわりの同級生からは「なんかキレられた人」に位置づけられてしまった。……解せない。いや、100歩譲ってテニス部が強豪ならまだわかる。……そぉんなに強くない。しかも、他校から見ればただの進学校である。テニス部が厳しい理由なんてないのだ。

なんか異様に悔しいぞ……ここでスイッチが入った僕は、これは絶対やめずに続けてやろうと心に決めたのだった。

そんなこんなで、挨拶から筋トレ、素振り、外周と、鬼のようなシゴキが数カ月間続き、入部した生徒が半分以下になったあたりで、先輩たちの様子が変わった。聞けば、自分たちの代が漫画『テニスの王子様』の影響で急に部員が増えたため、人数をふるいにかけていたらしい。いや、かけ方に難がありすぎる。下手すぎ。

じゃあ、あの挨拶もそれ用なんですか、と聞くと「いや、あれは伝統」と返された。もう伝統をふるいにかけるべきだ。ヘンだって、あれは。

その後「どこにいても挨拶しろ」とシゴかれた腹いせに、僕は部活のない休みの日にも先輩たちが通う予備校に足を運んでは「こんちわーーーーーーーっす」を発射するようになった。はずかしそうにする先輩たちのなかで、僕とチューしそうになった先輩だけは「声が小さいよ！」とキレ続けていた。あの人だけは、シンプルに変わっていたんだと思う。

訓練を耐え抜いた1年生は見事にたくましさを身につけ、その後、テニス部は県でベスト4に入るほどの強豪校へと成長、僕個人としても県で10位という成績を残した。

振り返れば、気合いの入った環境をつくってくれたあの挨拶にも意味があったのかもしれない……と思えなくもないが、当時の思い出をエピソードとして舞台で話しても「嘘すぎる」という理由でウケないので、やっぱりやりすぎだったんだと思う。

あのころ、レギュラーの証しだったユニフォーム。「もらえる・もらえない」のドキドキ感が、僕を今なおユニフォームを欲する体にしているのかもしれない。

ユニフォームって、とってもいいものですよね。

たまに、キレイにたたまれたユニフォームとともに「部活、頑張ってくださいね！」と手紙が添えられていることがある。とても気まずい。

洋服への興味、憧れ

今ほどインターネットが普及していない時代。静岡県の西の端・浜松で生まれ育った自分にとって、洋服やオシャレ、ファッションといったものはすべて、雑誌の中にあった。

当時は原宿の裏通りに並ぶブランドが雑誌で特集されていた、裏原全盛期。実物を見られる機会は東京か名古屋に出るしかなく、わりと大きな地方都市「浜松」に住んでいた、といっても、駅周辺に出向くことを「マチに行く」と称していた環境の自分にとって、ナマで洋服を見ることはまばゆい世界のお話だった。

雑誌を見ては「いいなー、この上着欲しいなぁ」とか「ダメージジーンズが流行ってるんだなー」とか「わ、また品川庄司の庄司さんが表紙だ！」とかやっていたのである。

そんななか、新聞の広告欄に、近所の産業展示場で行われるイベントの掲載を見つけた。

「大阪・アメリカ村の洋服屋さんが大集合！」

アメリカ村といえば、東京・原宿に並ぶ関西のオシャレスポット。それが地元に？　しかも、こんなマチの外れに⁉

これは行くしか……！と友人とふたり、学校帰りにママチャリで産業展示場へと向かった。

会場に着くと、さすがはファッションの本場・アメ村。いくつもの店舗が入り、雑誌でしか見ることのできなかったブランドの商品がたくさん並んでいた。

すごい……めくるめくじゃないか……！

お客さんも、学ランを着た学生から家族連れまで、大勢でごった返している。友人と心躍らせながら、夢のウィンドウショッピングを開始し——ぐるりと1周したところで、ふと、ある違和感に気づいてしまった。

あれ？　アメ村から来てるんだよね？

小気味よく店内をさばく店員さんの誰もが、関西弁を使っていない。

そしてもうひとつ。当時、雑誌を見て憧れたのは、ショップで働くアパレル店員さんのオシャレさだった。ファッションアイコンとして店頭に立つお兄さん・お姉さんは、雑誌の中でキラキラしていた。

「ハイハイハイ、これがAPEだよぉ」そう話しかけてくれたのは、白Yシャツにネクタイを締めた、標準語のおじさんだった。

そんなバカな。このおじさんがショップ店員？

僕らが見ていた雑誌の中に、白Yシャツにネクタイ姿のおじさんはひとりもいなかった。「友達とふたりで1着ずつ買ってくれるなら、2着で6000円でいいよぉ」そう言ってわたされたスウェットは、雑誌の中では1万5000円の品だった。

価格破壊にもほどがある。

あまりのことに笑ってしまうと、おじさんは「買わないならいいよ、いいよ」と商品を下げ、隣の家族連れに似たような文言で叩き売り始めた。今でいう「ネットに出まわる偽物にご注意を」の実店舗バージョンが、目の前で大暴れしていた。

謎の白Yシャツ・ネクタイおじさん集団による「地方狩り」だったのだろう。

夕方のニュースで特集されてほしいほどの怪しいイベントは、その後も市民の指摘を受けることなく、年に2~3回のペースでやってきては大盛況だった。そして僕らは、仲間うちで「パチ村」と呼ぶようになった。

「いつか雑誌の街角スナップに載りたいよね」と話していた当時の友人、聞いていますか? ミシンを始めて1年後、街角でまさかの撮影依頼を受けたよ。アイテム紹介の欄には「アウター/塚本ミシン」の文字まで入ったんだよ。

思春期の夢、40手前で達成。おーい、聞いているかなぁ?

過去の悲しい買いもの

高校生になると、かつては「パチ村」に心躍っていた少年の行動範囲が一気に広がり、ひまができればマチに出て、ウィンドウショッピングをするようになった。

あのころの興味が今にもつながっている気がする。

そんな高3のある日、駅前にできたブランド古着を扱う店の前を通りかかると、雑誌で見て気になっていた財布が売られていた。

「アンダーカバー」という裏原を代表するブランド品で、浜松ではなかなかお目にかかることのない代物。もともとダメージ加工のあるツギハギのデザインだったせいか「使用感ありまくり」みたいな金額で売りに出されていて、これは店員の査定が甘すぎる、買い一択でしょ！と、思わず購入した。

雑誌のアイテムを身につけている多幸感もあり、最良の買いものができたと大満足していると、後日、同じテニス部の後輩だった1年生が僕のところへやってきて「その財布、どうしたんですか？」と尋ねてきた。

お、なんだ？　1年でこの財布に興味があるなんて、いいセンスしてますね、なんて思っていたのだが、続けて思ってもみないことを言われた。

「それ、僕のかもしれません……」

一瞬、意味がわからなかった。財布のカツアゲにしてはダイナミックすぎるし、敬語でのカツアゲなんかも聞いたことがない。こちらが混乱していると、後輩は自分が使っていた財布が盗まれ、探していたと言う。そして、この財布とまったく同じものだったらしい。

ありゃま。それは災難だねぇ、と思って聞いていたのだが、後輩の目がまるで笑っていない……あっ、え？　あ、そうか、これ今、疑われてる？？？

そこには疑われて当然の条件がそろっていた。

地元じゃ流通していないはずの財布を、同じ部活内の先輩が使っている……後輩は相当な覚悟を決め、訴えに出ていたのである。

あ、でも、ホントに違うんだよ？　違うの、これはね……こちらも必死に説明し、さらにはよかれと思って「そしたらコレ、使っていいよ！」と口にしたのだが、すんなりと差し出すその行為を逆に怪しく思ったのか、後輩の目がキュッとシェイプした。

僕はこのときの目を一生忘れない。本当に怖かった。

ちょっと待ってくれ。誰だ、財布を盗んだヤツ。バカなことするなよ。

そういえば、こうして後輩が訴え出る以前、売店でこの財布からお金を出して彼におごっていた気もする。いったいどんな気持ちで、彼はそのパンを食べていたのだろうか……。

その後、財布を購入した店と連絡をとり、一応、僕が犯人じゃないことはわかってもらえた。と同時に、売りにきた人物的に、たぶんその財布は後輩のもので間違いない、ということもわかった。

もろもろをかんがみて、僕は「コレ、使っていいよ」と後輩に財布を差し出したのだが、彼は「大丈夫です、もう新しいの買ってもらったんで！」と、同じブランドの新しいモデルのものを見せてくれた。「そのデザインも好きなんですけど、ホント大丈夫です、なんかすみません。それはぜんぜん使ってもらって！」

以前に見せた鋭い眼光ではなく「迷惑かけちゃってごめんなさい」的な、やわらかな眼差しだった。

うん、そうかそうか……。まずは了解。

えっとじゃあ、こちらは君のお下がりを使わせてもらう、っていうカタチでいいのかな？　先輩として、それって大丈夫？　合ってますか？？　まぁでも、これで使わなかったら君も気を遣うだろうし、なんか財布もかわいそうだから、使わせてもらうね。ってことでいいのよね……？？？


それからの僕は逆に、長く使おうと心に決め、芸人になってもしばらくの間はその財布を使い続けた。

そして、今はなき渋谷の「シアターD」という劇場でのライブ中、財布は楽屋から姿を消した。まわりまわって、どこぞの芸人に盗まれたのである。

なんかもう……怒るよりも笑ってしまった。

本を出すカタチがこれとは

大学入学を機に上京した僕は、今年で上京20年。これを書いている今現在39歳なので、ちょうど「地元で過ごしてきた時間」と「東京で過ごした時間」が逆転したということになる。……え、ホントに？

まるで実感がない。地元は濃くて長いイメージで、東京は濃度に関係なく、あっという間の感覚。

東京ではいろんな濃い経験もしたが、大学を卒業してラーメン屋だけをやっている謎の1年間、とかもあった。朝イチで仕込みをし、夕方に終わって、元ヤンの同僚に連れられるがままカラオケボックスに通っていた数カ月間……あれはいったいなんだったのだろう。

「地元のいざこざを吹っ切って東京に出てきてんだわぁ」と、GLAYを歌いながら話してくれた元同僚、元気にしていますか？　当時、あなたは僕にとって〝古谷実漫画〟でした。古谷実の漫画に突然出てくる〝人生転落系〟の転機になるような黒い存在なんじゃないかと思って、内心ビクビクしていましたよ。

と、ここまで書いたところで、そういえばはじめに住んだ2年間は所沢だったことを思い出した。

ぜんぜん上京ではなかった。ぜんぜん「上玉」だった。なので、地元に19年、上玉2年、上京18年と、ギリまだ地元が勝っている。失礼しました。

上玉したときは、所沢にあった古着屋の店員のお姉さんが好きだった。「お兄さんが探偵をしている」という、嘘みたいなホントの話をしてくれたショートカットのお姉さん。「私も今はここでバイトしてるけど、ゆくゆくはね……」と意味深なことをおっしゃっていて、そのベールに包まれた部分に心をつかまれた。

あのころ僕は、文芸学科という、物書きになりたい人が集まる学科に通い、ロシア文学やドストエフスキー解読などの授業を受けていたのだが「宗田理」と「鈴木光司」の二本槍だった読書偏差値ではまるで理解できず、すぐに心が折れて、お姉さんのいる古着屋に逃げ込んでいた。

当時その店で買った服はサイズアウトして思い出とともにしまい込んでいたが、このたびミシンによって復活し、今なお現役で着ることができている。20年前に買った古着たちなので、もはやビンテージの域かもしれない。

よく洋服の話をしていた友人は、就職面接で上司がはいていた革靴のブランドを言い当てて内定を決め、懸命に雑誌の編集を学んでいた友人は、きっちりと出版社へ人生を進めていった。

そうかと思えば、俳優を目指す学科に通い、学食の前で日々サッカーに勤しんで目立っていた同級生は、色鮮やかに染めていた長髪をバッサリと切って就活に励み、パチンコ屋へと就職が決まっていった。

ん？　なんですか、その出口は。合ってるんですか？

そんなふうに思ってしまうのは〝学食サッカー〟のときにボールをぶつけられ、謝られるかと思いきや「イェーイ！」と言って小ジャンプしていた彼を、ずっと忘れていないからだと思う。

今からでも遅くないので、あのときの何が「イェーイ！」だったのか説明してほしい。そして、手に持っていたカップラーメンのお湯をこぼさず死守した自分をほめてあげたい（でも、もうここで吐き出せたので怒りはありません。発散の場にしてごめんなさい)。

それぞれ夢をもって通った大学も出口はいろいろ。自分も慎重に、道を踏み外さないよう気をつけた結果、芸人になり、こうしてミシンの本を書いている。「本を出す」ということが大学時代の目標でもあったので、これで達成したことになる。

人生とは本当にわからないものですね。

持つべきものは友達とミシン

この仕事をやっていなかったら、間違いなくミシンもやっていない。きっかけだって、コロナ禍での〝何する大喜利〟のようなカタチで手をつけた人間なので、そんな自分みたいな者が本を出していること自体、奇跡のようだ。

そもそも僕は、芸人志望じゃなかった。

自分史をざっと振り返ってみると、中学時代、深夜ラジオをきっかけに芸人の隣に座る「放送作家」という謎めいた職種を知り、影武者っぽくて素敵ですね、と憧れを抱いたことから始まる。

同級生で、いまだに徒歩1分半の距離に住んで夜な夜な銭湯をともにしている「うるとらブギーズ」の佐々木くんと「あの仕事いいよね！」なんて教室の隅っこで話していたので、あのころの同級生が今の僕を見てどう思っているのか、不思議な気持ちになる。

高校の進路面談で「放送作家になるんで大学は考えてないです」と言ったら、進学校だったせいか担任が絶句し、絶句された話を親にしたら、親もまた絶句していた。

上京前夜、佐々木くんが「芸人になるために養成所に入る」と言い出したときは「ちょっと待て、よく考えてくれ。うちらみたいな者は表に立つタイプの人間じゃないんだから」「絶対に間違ってる」「一緒に放送作家になろうよ」と、地元のベローチェで必死に止めた。

その後、ふたり仲よく上京し、佐々木くんが吉本の養成所に通いだすと、僕も大学と並行していくつかの放送作家塾なるものに通い始め、佐々木くんのライブに足を運んでは、アンケート用紙の裏にメモをとりながらネタを見て、佐々木くんにああだこうだと報告した。

一方の作家塾では「企画どうしの足し算を考える」的な宿題をもらい、みんながクイズとグルメを合わせた企画案などを発表するなかで、僕は「SMAP＝森くん＝???」という、今考えるとおぞましい一行書きをプレゼンしていた。みんながピンときていないことにピンとこず、伝わらないかぁ、みたいな顔をしていると、講師の現役作家さんから「ラーメン屋でラーメンを頼んでカレーを出されたらどう思う？　君は今、それをやっているんだよ」と怒られた。

要するに、途方もなくイタかったのだ。

それから「コントを書きたい」気持ちが強くなり、卒論でも大量のコントを書いて卒業。その年に「キングオブコント」という大会が始まったので、記念受験のつもりで、大学の先輩だった溜口さんとコンビを組んでエントリー。しかし、1回戦のトリで登場したバナナマンさんを見て「これはナマやってちゃダメですね」と思い知り、翌2009年からお笑いライブに出始めて現在に至る……。

と、芸人になるまでをザザッとまとめるとこうなるのだが、書きながら自分でも理解した。そうか、自分はとってもイタい10代をくぐり抜けて今、ミシンの本を書いているのか。収まるところに収まって、本当によかった。

そしてもうひとつ、文字にしたことでゾッとすることに気がついた。佐々木くんを止めたベローチェでの出来事って、ひょっとしたら「一緒に芸人にならないか?」という、佐々木くんからの誘いだったんじゃないか。いや、体感としてはそういうニュアンスじゃなかったはずだが、でもあのシチュエーションって「同級生コンビ誕生秘話」っぽくない？「お笑い好きの同級生を誘って一緒に養成所に入る」……それっぽくない？？

だとしたら、僕はとんでもない言葉を返している。

「あなたは表に立っていい人間ではない」「絶対に間違っている」からの「一緒に放送作家になろう」という逆プロポーズ。終わっている。誘いじゃなかったとしても、まず否定しすぎ。そんでもって、結局こちらも芸人になっているんだから、よりタチが悪い。

よくもまぁ、今でも親友でいてくれていると思います。ありがとう以外の言葉はないです。

いちばん身近な佐々木くんが芸人をやっていなかったら、僕は1000%この仕事をやっていないし、ということは、この本も出ていない。

持つべきものは大事な友達とミシン、ということですね。

助言～飛永さんの存在

ひょんなことからミシンを始めたわけだが、当初から今現在を見通してスタートしたわけではなかった。

「塚本ミシン」の活動においては「ラバーガール」飛永さんの助言がとても大きい。

ライブで一緒になって十数年、飛永さんはいつもラブレターズのことを気にかけてくれる先輩で、僕は同郷でお酒が飲めないという共通点もあり、日常的にごはんを食べ、お茶をさせてもらっている。飛永さんと話していると、すっと心が落ち着くので、芸人活動においても救われているのだ。

「相方のコロナ療養中に時間ができたんで、ミシンを始めたんですよ」

いつものようにお茶をしているとき、急にミシンを買って10日間で30着以上のTシャツをリサイズした、という話をすると、飛永さんは「それはいいね」と返してくれた。

そのリアクションを受けた僕は「飛永さんにほめてもらえた！　よし、これでゴール！」という感覚になり、ミシン生活もおしまいかな、と考えたのだが、そこから飛永さんは「いや、それ絶対に続けたほうがいいよ」と言い「続けるなら名前があったほうがいいんじゃない？」「塚本ミシンでいいじゃん（笑）」「ロゴもオレ作るからさ」「ユーチューブも始めちゃいなよ」「編集はオレやるからさ」と、矢継ぎ早に提案してくれた。

こう振り返ると、助言、というか、完全に生みの親である。「ロゴを作る」「編集もやる」は、さすがにやさしすぎる。

なんでそこまでしてくれるのか、と尋ねたら「なんか、報われてほしいじゃん」と言われ、飲んでいたカフェラテが少し甘く感じられた、というのは嘘すぎるが、やさしさが沁みた瞬間だった。

実際に飛永さんはロゴをデザインし、それをタグとして発注し、本当にユーチューブまで開設してくれた。チャンネル内で販売したTシャツやパーカーなどもすべて、飛永さんのデザイン。そして、いまだに編集やサムネ作りまでやってくれている。

その後、ユーチューブを見たtomoki yuritaというデザイナーさんが「塚本くんに必要だろうから」とロックミシンを貸してくれたり、同じくユーチューブを見た編集者さんがこうして「本にしませんか?」と声をかけてくれたり。

どれも飛永さんきっかけ。偉大すぎます……。

なかでもyuritaさんとは今、生地の縫い方や買うべきミシンのレクチャーを受けたり、ときには逆に、息子さんの学校での出しものの相談を受けたりする仲になっている。

こうしてまわりに生かされまくりながら、日々の活動を続けているわけです。心から、感謝感謝の世界。

書籍化の打ち合わせ中「『塚本ミシン』の名前はどこかに大きく入れときたいですよねー」と編集者さんが言っていた。飛永さんが笑いながら口走ったものがここまできたのかと思うと、感慨深いとかじゃなくて、超幸せなのである。

実家にあったミシンの謎

そういえば昔、実家にミシンがあった。

ダメージデニムが流行《はや》ったときに自分でどうにかできないかとさわってみたが、何をどうしたらいいのかわからず、心が折れた記憶がある。まわりに聞くと実家にミシンがある人は少なく、そういうものなのかと思っていた。


高校の修学旅行で九州・福岡へ行ったとき、自分用のお土産として、当時爆発的に流行っていた「APE」のスウェットを買って帰った。

そもそも「お土産」というテイで洋服を買ってきたことに母親は不服そうだったが、雑誌で見ていた服を買えた満足感でホクホクだった僕は、すぐにその服を着倒して、洗濯に出した。

スウェットが、伸っび伸びになった。

なんですかこれは?

信じたくはないが、どうやら偽物だったらしい。

伸っび伸びの、だるんだるん。2サイズ以上大きくなったスウェットを見た母親が「修学旅行に行ってまで偽物を買って帰ってきてどうすんの?」と、一字一句として間違っていない正論をぶつけてきて、心底落ち込んだ。「伸びた生地分で巾着が作れるじゃない」——息子の失敗になぜかご機嫌になった母親は、そうも言っていた。

一度はそのまま着てみたが、B系ファッションに目覚めた少年みたいな身なりになってしまい、外に出たらカツアゲにあうリスクを感じたので、以降は着なくなっていった。

ある日、見かねた母親が「アレぜんぜん着てないじゃない。もったいないからお母さん、なんとかしてみようかねぇ」と言い、ホコリのかぶったミシンを引っ張り出してきて、作業を始めた。

「修学旅行でだまされる」という社会経験をお土産に帰ってきた息子をよほど不憫に思ったのか、母親はしばらくミシンに熱中していたが、当の本人である僕は、もう過ぎた話だと消化していたため、母親にもミシンにもたいした興味をもたなかった。ナメた息子である。

翌日、見事に僕ぴったりのサイズに直った「偽APE」のスウェットが、母親から手わたされた。あまりにもジャストサイズでびっくり。「ふだん着てる服からなんとなく直しただよ」と言って、日常生活に戻っていく母親が誇らしかった。

自分にとってかけがえのない洋服に生まれ変わった偽APE。「偽」だろうがなんだろうが、その後は頻繁に着るようになった。


先日、実家に帰ったとき、あのミシンはまだあるのか母親に聞いてみた。「もう古くなったし、場所もとるから……」と、処分してしまったらしい。もともと嫁入り道具として買ってもらったもので、僕が幼稚園に通う前は、そのミシンを使って洋服のお直しの内職をしていたとも言っていた。初耳だった。そうか「塚本ミシン」は僕で2代目だったのか。

僕は今、喫茶店でこの文章を書きながら、先輩に頼まれた洋服のお直しの受けわたし時刻を待っている。やっていることが母親とほぼ一緒である。

せっかくだからと、実家にいたタイミングで偽APEを持ち帰ろうと思ったが、それはどこにも見当たらなかった。きっと母親が役目を終えたと思って、処分してしまったのだろう。

父親のハンドメイド

昔、近所でコマ回しが爆発的に流行した時期があった。

幼少期の遊びブームで、いちばんの大ヒットだったコマ回し。近所のお兄ちゃんたちが回すキレイな模様の入ったコマを見て、僕も自分用のコマが欲しくなった。

そんなことを父親に伝えると「そうかそうか……じゃあ、ちょっとなんとかすらぁ」と言われ、2〜3日が過ぎた。「なんとかすらぁ」って、いや、一緒に買いにいってくれればいいのに。

どういうことなのかよくわからずに待っていると、しばらくして父親が「ほい」と言って、ずっしりと重い鉄製のコマを手わたしてきた。

な、なんですかこれは？

父親は鉄工所で働いていた。いや、働いてはいたが、別に鉄ゴマを作ってくれとは頼んでいない。そもそもどうやって作ったの、コレ。武器になるような重さの鉄ゴマは、見事に研磨され、模様はなくとも唯一無二の渋さとカッコよさがあった。

っていうかコレ、最強すぎない？

コマどうしをぶつけ合う相撲スタイルの遊び方において、こんな反則、許されるのだろうか。こっちは鉄だよ？　木材やプラスチックが勝てますか？？　自家製の超重量級鉄ゴマ力士、ここに爆誕。みんなの驚く顔を見るのが楽しみだった。

後日、僕が鉄ゴマを持って遊びにいくと、予想どおりみんなは驚き、やれ反則だの、オレも欲しいだの言ってきて、僕は上機嫌になった。ありがとう、お父さん。息子は今、鼻高々だよ。

誰よりも強い鉄ゴマを引っさげ、いざ土俵入り。巻きつけたひもを力いっぱい引いて、土俵に投げ入れた。

お父さんの鉄ゴマは、なんにも回らなかった。

たまげた。なんにも回らない。なんにもだ。投げ上手なお兄ちゃんにやってもらっても、ぜんぜん回らない。「コレ、軸ズレてんじゃね?」そう言ってみんな鉄ゴマに見切りをつけ、自分たちのコマ回しに熱中していった。

父親が丹精込めて作ってくれた超重量級鉄ゴマ力士は「コレ、軸ズレてんじゃね?」のひと言により、引退を余儀なくされた。

家に帰ると、上機嫌そうな父親が「おう、どうだった?」と聞いてきた。まわりの反応を心待ちにしていたのは、自分だけじゃなかったようだ。

そんな父親に回らなかった旨を伝えると「えぇ? そうかぁ??」と言って、鉄ゴマを手に玄関先に出ていった。

「あれぇ? おっかしいなぁ」「計算したはずだけんども」「なんでぇ? 回らんじゃん、ちくしょう」「あ、糸巻く向きが逆か? ……違うか、なんだぁ、回らんじゃん」

玄関先でしゃがみ込み、必死に自作の鉄ゴマを回そうとする父親。そのうしろから、回らないコマを見つめる息子。「なんか、軸がなんとかって言われたけど……」と友人の感想を伝えてみるも、無視され、父親は回らない鉄ゴマを回し続けていた。

「もうちょっとアレしてみるけど……すまんなぁ」

そう言って、その後も何度か職場で研磨しては投げ直していたが、結局最後まで鉄ゴマは回ることなく、父親は僕に普通のコマを買ってくれた。

下駄箱の隅に鎮座したまま、動かなくなった鉄ゴマ。

父親のＤＩＹはその一度きりで終わってしまったが、もしあのときのコマが回っていたら、ほかにも鉄でいろいろと作ってくれたかもしれない。そう考えると、本当に回っておいてほしかった。

自作の回らない鉄ゴマを回し続ける父親の背中には、筆字でデッカく「哀愁」と書いてあった気がする。こういう記憶を好んで脳に備蓄して生きてきたおかげで、僕は今、コントが書けているんだと思う。

「お父さんの鉄ゴマ」。これはいつか絵本にしたい思い出である。

龍三さんの陶芸品

うちは父親が4人兄弟で母親が8人兄妹、それぞれ結婚して子供がいてと、とにかく親戚が多い環境で僕は育った。

警察官、消防士、バスの運転手もいれば、空手の日本チャンピオンがいたり、自転車で日本1周する青年がいたり、ヨネスケさんに「隣の晩ごはん」で突撃された家もある。そこに自分のような芸人まで参戦したので、家系的にはさらに幅が出たな、と我ながら思っている。

そんななか、父親の兄弟に「龍三さん」という陶芸家がいた。

龍三さん一家は、僕らが住んでいる静岡から離れた鹿児島にいたのであまりお会いする機会こそなかったが、僕は龍三さんが好きだった。

子供だった僕に対しても気さくになんでも話をしてくれて、つねにニコニコしている印象。毎年送ってくれる年賀状が楽しみで、そこにはいつも変わったメッセージが書かれていた。受験前に届いた年賀状には、漫画『SLAM DUNK』の桜木花道が「受かれ受かれ……」と念を送るイラストが添えられていた。桜木が相手チームのフリースローの際、呪うように「外せ外せ……」と唱える描写をもじったものだった。

龍三さんの陶器はどれも渋く、陶芸のことはあまりわからないながらも「お、これは本格派の類いだな……」と唸ってしまうようなものばかりだった。深い茶色と紺色が混ざったような、単純でいてなかなか見ない色合いのシリーズがあって、僕はそれを30年近く愛用している。

作品を含め〝カッコいい大人代表〟としてリスペクトしてきた龍三さんの

作風に、変化が訪れたのは数年前のことだった。

「好きなように作り始めたのよね」と話す、奥さまの加奈子さん。

どんなものを作っているんだろうと思いネットで調べてみると、以前までの渋い作風ではなくなっていた。全体が白で、中央に黒くて大きな丸模様が入り、その真っ黒な球体から右半身だけ、ヌルッと身を投げ出す少年のイラストが描かれていた。とてもポップだった。さらにそのイラストの上には、カラフルな色を用いた丸文字で「鉄から出る」と書いてある。

龍三さんの最新作は、斜め上を行きすぎていた。

長年、渋い陶器を作り続けていた龍三さん。おじいちゃんになって好きなようにモノ作りをしようと決めたら、作品がこうなった、んですか？……最高かよ。最高じゃないですか。

あまりにも予想だにしないバージョンアップ。リスペクトが、ビッグリスペクトに変わった瞬間だった。

ほかにも、帽子をかぶった少年が動物にパイナップルを差し出しているイラストとともに「パイナップルをどうぞ」と書いてあったり、帽子をかぶった少年がヤギに背を向けたイラストとともに「ヤギにあやまらない」と書いてあったり、作品はたくさん誕生していた。

ヒトは進化するものですね。

思わず龍三さんに電話をすると「気に入らないと割っちゃうんだよなぁ」と言っていた。あ、その魂は健在なんですね！　割られた作品には何が描かれていたのか気になると同時に、ますます魅力的な人だと思った。

少し前に、龍三さんはお亡くなりになった。

僕は今、帽子をかぶった少年が流れる川を眺めるイラストとともに「夜の川に来てみた」と書かれたコーヒーカップで、カフェラテを飲んでいる。妻も2歳の娘もそれぞれ愛用している陶器がある。

そして、奥さまの加奈子さんから譲ってもらった龍三さんのメモ書きには、たくさんの〝一行書きを書いてはやめ〟をくり返した形跡が残っていた。どう見ても、芸人が頭をひねらせたようなメモの数々。龍三さんコレ、ほぼ「ひと言ネタ」ですよ。

生みの苦しみを感じるそのメモ書きは、自宅の作業スペースの見えるところに飾ってある。

一方で、若いころに自転車で日本1周していた龍三さんの息子さんは、40歳にしてスケボーデビューしていた。そのことを龍三さんが知りえていたらきっと、帽子をかぶった少年がスケボーに乗ったイラストとともに、何かひと言添えられていたのだろう。

ミシンでつながった先輩
〜コカドさん、ひとりさん

ミシンを始めて数カ月が経ったときのこと。

ライブの楽屋で「しずる」村上さんから「ロッチのコカドさんもミシンやってんだよ」と教えてもらった。インスタライブで配信をしながら、ミシン作業をしているとのこと。

はずかしながら、インスタグラムをやっていない僕は知らなかったのだが、村上さんが「じゃあ、つないでやるよ」と、コカドさんのラインをその場で教えてくれた。村上さんならではのタイム感。ミシンと村上さんが紡いでくれたご縁である。

村上ミシン。

言ってみたかっただけです、ごめんなさい。

それからコカドさんとは、ミシン情報を交換させてもらったり、ふたりでミシンをやりながら取材を受けるという仕事をご一緒させてもらったりした。

取材ではお互いにプレゼントを作り合ったのだが、僕は、当時よく作っていたリメイクシャツを製作。コカドさんは「つかもっちゃん、サウナ好きやから」と言って、古きよき旅館にありそうな、お風呂用の防水巾着を作ってくれた。

出発地点から違う、粋なプレゼント。キュンキュンしながら巾着を開けると、中から有名なサウナ施設のタオルが出てきて、コカドさんは言った。

「いつか一緒にサウナにも行こな」

その言葉は、これまで自分に投げかけられた関西弁のなかでもトップ3に入る、甘くてカッコいいセリフだった。確かこのとき、後光が差していたと思う。そよ風でコカドさんの髪も揺れていた気がする。そのくらい、カッコよすぎた。

それもこれも、村上ミシンさんに感謝である（村上ミシン、は言ってみたかっただけです、ごめんなさい）。

とある日の、バラエティ番組『ゴッドタン』での収録時のこと。

久々に呼んでもらって緊張しながら楽屋で本番を待っていると、すごい勢いで楽屋の扉をノックされた。

「サプライズで楽屋に入ってきて、そのまま撮影が始まる」なんて演出にも近い勢いだったので、なんだなんだと警戒しながら扉を開けると、そこには劇団ひとりさんが立っていた。

あれ、ひとりさんだ。でもなんでだ……？

「やっと会えたよ、塚本ぉ！　オレはおまえと話したかったんだよぉ!!」「なんの話かわかるかぁ!?」と、ひとりさん。

え、マジでわかんないんだけど……なんかしちゃったっけ……？

「ミシンだよ、ミシン！　オレもミシン始めたんだよ！」

うわ、マジすか！

それからひとりさんは、楽屋打ち合わせに来たディレクターさんが割って入れないテンションで「これ見てくれよ！　このMA－1のワッペン！　自分でつけたんだよ！」と言って、上着を見せてくれた。

本当にキレイに縫われていて、僕も思わず「すごいキレイですね！」「素材的に縫いにくくなかったですか？」「この端っこのところも見事ですね！」

と素直に言葉にすると、ひとりさんはよりいっそう笑顔になって「だぁから、塚本と話したかったんだよぉ!!」と言ってくれた。

誰に話しても苦労が共有できないから、悔しかったらしい。

「イチからジーパンを作ってみたいんだよ!」「『ソーイング・ビー』観てるか!?」「いつか日本代表として、うちらで乗り込もうぜ!」と、その後もこれまでひとりさんと交わしたどの会話よりもアツい、濃い話をさせてもらった。

ミシン様様である。

その1時間後、本業に戻った我々は、ひとりさんは番組のMCとなり、僕はコントのなかでパンツ一丁になって、お尻に生け花をされていた。本業を頑張った先にソーイング・ビー日本代表としての未来が待っている、そう信じている。

学生時代のオシャレ

先日、コンビでラジオ配信をしているとき、ファッションの話題になった。「服装、気にする・気にしない」の話から「昔こんなヤツがいた」みたいな流れになり、お互いの学生時代のエピソードへと移っていった。

相方の同級生には修学旅行中、パジャマとしてジーパンをはいて寝たヤツがいるらしい。青春のブルージーンズ。最高である。エッセイストのワクサカソウヘイさんの本にもそんなエピソードが出てくるので、きっとどの学校にもいたんだと思う。

例にもれず僕の学校にも、同系の意識高い男子がちゃんといた。

うちの高校の修学旅行は制服必須だったため、日中は洋服で差をつけることができない。となると、ホテルで過ごす時間だけが勝負になる。意識高い男子は、もう家を出る前から心に決めていたのだろう、風呂上がりにヘアワックスをつけてきた。

気づいた生徒がゾワゾワし始める。あららら。ワックスつけてるじゃない……どうしてぇ？

明らかに重力に逆らって固まっている髪の毛に、まわりの生徒がヤイヤイ言いだすと、言われたワックス系男子もはずかしくなったのか「何もつけてねーよ」からの「寝ぐせを防げるんだよ」という、謎の理論武装で応戦を始めた。

今思えば〝寝るときジーンズ系男子〟も〝風呂上がりワックス系男子〟も、青春のかたまりのような存在だ。

学生時代のオシャレといえば、制服でできる範囲内に限られる。制服の着こなしや髪型、カバンにスニーカー……「制服」という大きなルールがあるぶん、どこで差をつけるかのファッション戦争が静かに巻き起こっていた気がする。

一時期、女子の間で流行った制服の着崩し方があった。ハイソックスがほとんどだったなかで、オシャレで有名だった先輩がある日突然、くるぶし丈の短いソックスをはいてきた。ショートソックスにサッカー系のスニーカーを合わせたその先輩は、一夜にして靴下革命を起こした。以降、後輩女子たちは続々と、くるぶしソックスをはき始めた。

この靴下インフルエンサーによる革命は、先生の「ハイソックスをはきなさい」という、なぜですか?と返したら何も答えてくれなさそうな注意喚起によって釘を刺され終焉を迎えたが、しばらくすると、彼女はまた別の革命を起こすのだった。

靴下の次は……ジャージだった。校内では基本的に、制服以外で羽織ったり着込んだりしていいのはジャージに限定されていた。たまにパーカーを着ていたりすると、先生がこれみよがしに注意してくるのが〝あるある〟な環境下で、靴下インフルエンサーもちゃんとジャージを着ていた。しかしある日突然、そのジャージが「他校」のモノに変わったのである。

おいおい、マジでか。そんなんアリなの？

「他校のジャージを羽織ることがオシャレになるっぽいぞ……！」この革命は男女問わずに突き刺さり、生徒たちはみんな、他校のジャージを着始めた。先生に注意されても「お兄ちゃんのお下がりで……」「部室にあった忘れもので……」と適当にごまかし、校内はいろんなジャージが入り乱れる多国籍高校状態になった。

もはや「オシャレだから」というより「あの人がそうだから」という理由で、みんな着ていたんだと思う。その先輩に、誰もが盲目になっていた。

その後も先輩は「ド」がつくほどのルーズソックスをはいてきたり、ほぼ坊主みたいなベリーショートで現れたりと、ハイセンスを好き放題やりきって卒業していった。

あの人はたぶん、ジャンヌ・ダルクだったんだと思う。靴下ジャンヌ・ダルク。確か医学部に進学したはず。それもそれでマジ、ジャンヌ・ダルク。今もどこかの街でハイセンスなドクターコートを羽織った先輩が、診察しているかもしれない。

無駄か、無駄じゃないか

大学時代、ずっとヤフオクを眺めている時間があった。買いもしないのに気になる洋服をウォッチリストに入れては、それがいくらくらいで競り合いになったり落札されたりするのかを眺める時間。

「うるとらブギーズ」の佐々木くんからはよく「何してんの？」「意味あるの？」と言われていたが、今となっては「洋服への興味」が経験値となってリメイク作業に生かされているので、ミシンが過去の無意味を回収してくれたカタチといえる。

個人的にも「無駄な時間だよなー」と思いながら過ごしていたので、ミシンにはめちゃくちゃ感謝している。

あと、同時期にハマっていたのは「サカつく」。「Jリーグのオーナーになって強豪チームを育てよう」というシミュレーションゲーム「プロサッカークラブをつくろう!」(通称・サカつく)にドハマりして「ノッテケ浜松」というチームを立ち上げ、毎晩、寝落ちするまでやり込んでいた。

何年もシーズンを進めていくと選手が引退・転生をくり返し、三浦知良が16歳で再登場するようになる。それが楽しくて楽しくて……結局、99年目近くまでやり込んだ記憶がある。

今のところこれも「無駄認定」しているのだが、10年後・20年後、僕がJリーグの監督になっていれば回収できたことになる。はたしてどうなるだろうか。

リメイクを始めて「無駄にしない」「生かす」という心がけが強まった。

SDGsほど立派なものではないが「このハギレはまだ使えそう」とか「ジップだけでもとっとこうかな？」など、そもそも「無駄にしない」「生かす」がリメイク作業の根幹なので、自然とそういう考え方になっていくのだ。

そういえば昔、他人から「無駄にしたくない精神」をとても強く感じた瞬間があった。

それは、酸素カプセルの受付のアルバイトをしていたときのこと。20代後半くらいの会社員が「フットサルをしていて右足を骨折した」と、松葉杖をつきながらやってきた。「明日からフジロックに行くので治したい」のだと言う。なるほど、ケガの治りを早める効果がある酸素カプセルの需要としては、確かにぴったりだ。

僕は「フジロックですね！　了解しました。では、こちらのカプセルにお入りください!」……とは言わず、素直な気持ちで「やめといたほうがいいんじゃないですか?」と言った。

するといは「いや、フジロックで全日ハジけるための体力作りとして、ずっとフットサルしてきたんですよぉ」「行けなかったらフットサルも無駄になっちゃうじゃないですかぁ?」と、いちばん長いコースでカプセルに入りたいと申し出てきた。

んー、と思いながらもカプセル内を高気圧にし、より多くの酸素を体内に送り込める「アスリートモード」に設定して、気持ち長めにご案内。2時間後、カプセルから出てきた彼はこう言った。

「あぁ、やっぱ痛みますねぇ」

当然です。骨折だもん。酸素にそこまで求めないでよ。

「あ、でも、ちょっと体は軽くなった、の、かな?」

フジロックをイメージして、松葉杖をつきながら体を揺らす彼。いやいや……さすがに行くのはやめておいたほうがいいと思いますよ、と再度お伝えすると「みんなそう言います（笑）」と言って、ちょっとだけ笑顔を見せた。

そして、我はチャレンジャーなり、みたいな顔で「でもオレ、ホントに音楽が好きなんすよねぇ」と言って、サービスで出している高濃度酸素水を飲み干すと、店を出ていった。

おれほんとにおんがくがすきなんすよねぇ。

ほえ〜。あぁ、そうですかぁ。音楽が好きなのはよくわかったが、それ以上に「こんな感じのオレ、最高」が見え隠れしていてイヤだな……そんなふうに思い、思いつつも、それでもやっぱりサラッとそんなことが言えちゃう人間のきらめきには憧れてしまった。彼は特別キラッキラしていた。

結局、彼がフジロックに行ったかどうかはわからない。

行くべきではないのは確か。でも、彼の松葉杖の先には「フジロックのために海外から取り寄せたんすよぉ」という、四つ足の不思議な補助装置もついていた。

まあ、それでも行くべきではない。でも、もしかしたら彼はその後の人生で「あの年は骨折したままフジロックに行ったんだけどさぁ」と、晴れやかに語っているかもしれない。そのときの顔もやっぱり、キラッキラしていそうである。

今後、コントの題材にしたらごめんなさい。可能性は、けっこうあります。

お化け屋敷のバックヤードで学んだこと

これまでにさまざまなアルバイトを経験してきたが、今の僕なら間違いなく、縫いものやお直しのバイトを選ぶと思う。そんな簡単なものではないと思うが、少しずつ経験値を得ながらミシンも上達できるなら、こんなに最高のバイトはない。

過去のバイトを振り返ると、特に考えもなく闇雲に選んできた気がする。フラワーパークのビアガーデン、ラーメン屋、AD、バーテンダー（下戸なのに）、着ぐるみの中身、銀行の引っ越し補助、酸素カプセルの受付、お化け屋敷……きっとどの芸人も同じだと思うが、芸人のバイト遍歴というのは種類が豊富で「いろんなバイト展」ができそうなくらい、多岐にわたっている。

フラワーパークのビアガーデンは、高校を卒業してすぐのころ。

地元・浜松での派遣の短期就労だったが、そこの従業員だった金髪坊主のお姉さんには、よくかわいがってもらっていた。細身の白シャツ・黒ズボンがよくお似合いだったパンキッシュなお姉さんは、休憩時間になるとスタッフルームで細いタバコを吸いながら、田舎丸出しの後輩坊主である僕に、いろいろな話をしてくれた。

「私ね、夢があるの。なんだと思う?」

「イルカの調教師になりたいの」

「塚本くんは『タトゥー』見たことある?」

「見せてあげるよ」

そう言ってお姉さんは背中を向け、着ていたシャツをクッとたくし上げながら、ズボンを少し下にずらした。あらわになる腰元。そこにはかわいらしいイルカさんがいた。イルカのタトゥーが、おしり方面から飛び跳ねるカタチで彫られていたのである。

あらー、イルカさんですねぇーーー。

田舎坊主は、この金髪坊主お姉さんによる独特なコミュニケーションのおかげですっかり高揚し、当然のように好意が芽生え、バイト先は一生ここでいいです、と神に誓ったのだった。

脳内も園内もお花畑だったそのバイトだが、イルカを見た数日後、僕は突然、派遣を打ち切られてしまった。意味がわからなかった。なぜ……？　派遣元に説明を求めると、理由はこうだった。

「ちょっとねぇ、一緒に派遣してた○○さん（ヤンキー）がね、持ってた傘で花畑を荒らしたらしいんですよぉ」

バカな……花畑を？　傘で荒らした？　……はぁ？？

僕はあのときのヤンキーを一生許さない。おかげでお姉さんがその後どうなったのかも、わからずじまいである。無事にイルカの調教師になれたのだろうか。

っていうか「花畑を傘で荒らす」って行動、何？　さすがにバカすぎない？「美しく咲いてんじゃねぇよ」とでも思ったのだろうか。咲くよ、花なんだから。フラワーパークだもん。何してんのよ。傘で花畑をバサバサやるって、なんだよ。ヤンチャすぎるだろ。そもそも来るなよ、そんなヤツ。

フラワーパークの一件はもう20年以上も前の話だが、いまだに新鮮な気持ちで悔しくなれる。

そんなこんなで、バイトの思い出って、ヘンな場面の切り取りでばかり記憶に残っている。

着ぐるみに入ってホームセンターを巡回するというＰＲの仕事では、大柄の外国人にぶん殴られたことくらいしか思い出せない。田舎の銀行の引っ越しを手伝ったときも、昼休憩中に派遣元の上司が外部のスタッフと揉め、僕らバイトは「いいか？　ここから出るなよ？」と言われたままワゴン車に籠城。窓や車体をバンバン叩かれる音をＢＧＭに弁当を食べた記憶くらいしか残っていない。あれもあれで、なんだったんだ？

そして上京後、ラーメン屋やアメフト番組のＡＤを経て、お化け屋敷でのバイトを始めた。もともとは「お化けキャスト」として呼ばれていたはずが、元気な大学生に声量で負けたため「監視員」をやることになった。

みなさんご存じないかもしれないが、お化け屋敷って監視員がいるんですよ。屋敷内の高くて暗〜いところから全体を監視し、立ち止まってしまう人や逆走する人、稀に器物破損する人に対して「進んでくださーい」「やめてくださーい」と声をかける大事なお仕事。監視していないときは、お化けキャストのアテンドをしたり、出口に立って「はい、ゴールでーす」と出迎えをしたりと雑多な役まわりで、僕はそれを何年もやらせてもらった。

お化け屋敷の楽屋は「大人が作る文化祭」のような雰囲気があって、とても好きだった。

「まーた破れちゃったよぉ」と、メイクを直しながら衣装を指して嘆くお化けキャストのおじさん、出道具の人形の修理をする人、仕掛けのひもの長さを調整している人、大量のホカ弁を持って「順次休憩してください！」と促す人……みんな来場客を驚かすために一生懸命、汗水流している姿が印象的だった。

そんなお化け屋敷の仕掛け人であり、プロデューサーでもある五味弘文さんと楽屋で話をさせてもらったとき、強烈に印象に残った言葉がある。

「ここも『お笑い』に似てると思うよ？　要は『フリ』が大事なわけじゃない？　ちゃんとフリを作ってお客さんを誘導したうえで、感情の出口を設定してあげればいいんだよ。その感情がお化け屋敷は『恐怖』、お笑いは『笑い』なんじゃないの？」

当時、養成所になど行かず芸人を始めていた僕は「なぁんか、いいこと聞いちゃった！」という気分になった。確かにそうかもしれない。

監視台の上から、ストーリーに合わせた演出によって怯えながら進む人を見て「あの人は前のめりでフリを楽しんでるから、けっこう驚くかも……あ、ほらやっぱり！」と、答え合わせをするようになった。

なるほどなるほど。とにかく「フリ」が大事なんですね。

そう教わってから見るお化け屋敷の全体像は、ただ闇雲に驚かそうと思って設計された空間ではないとよくわかった。

こうして、高くて暗い監視台の上でお笑いを学び、お客さんのいない時間を利用しては、静かな監視台の上でネタを作るようになっていった（真面目にバイトもしていました）。

五味さんには本当に感謝している。何かお手伝いできることがあれば、いつでも呼んでほしい。お話作りでも衣装直しでも、なんでもやらせていただきます。

買いものの変化

気がつけば、家にある洋服のほとんどをリメイクにまわしてしまったせいで、昔使ったコント衣装でさえ〝素材〟として利用し始めている自分がいた。冴えない青年役用のチェックシャツを大胆なドッキングシャツにリメイクして自己満足にひたっているときに、あれ？　ここまで手を出しちゃったらまずいよな、と我に返り、素材を買い足していこうと考えるようになった。

そんな理由で、以前よりはるかに洋服屋さんへ向かうことが増えたのだが、あくまで買うのは素材としての古着だけ。そのまま着る用の洋服は買わなくなり、買いものの目的が明確に変わっていった。

みなさんは買いものをする際、洋服を見ながらどんなことを考えるだろうか。僕の場合はこうである。

「家にあるあのハギレと合わせて……」「このベーシックなシャツを持っとけば、柄物と組み合わせたときに使えるから……」「この映画Tシャツいいじゃん！　サイズは合わないかぁ、じゃあリサイズして……」「え、このシャツどう縫い合わされてんの？　あ、裏はこうなってるんだ！　なるほどなるほど……」「すごいリメイクのスウェットだ！　ほえ〜、このくらい作れるようになると楽しそうだなぁ……」

こんな感じで古着屋さんをまわり、素材を集めては家に保管。なるべくたくさん見るために、ザッピングくらいのスピード感で店をハシゴするようになった。

洋服が好きでもお金がなくてあまり買えなかった時代から、たくさんの洋服を見て安いものを買って自分で作る、という人生に切り替わり、経済的にも精神的にも豊かになった気がする。ミシン様、ミシン信仰万歳である。

さらに、古着を見れば見るほど、いろんなものが出てきて驚かされる。国別、年代別のミリタリーだったり、ときには「ファーマーズ」というくくりで農家さんが着ていた服だったり、スウェーデンの科学者が着ていたという白衣のデッドストックだったり……。ブランドものの古着も「〇〇年代のアーカイブ品」というカテゴリーでビンテージ化している。

「アーカイブ」って言葉を添えた人、天才ですね。あと、古いユニクロやGAPの服に「オールド」という言葉を添えてカテゴリー分けした人も天才。

おかげでファストファッションもビンテージ化していくレールができ、今では見事に「あ、これ旧タグのオールドGAPじゃん」と、テンションが上がるようになっている。

古いものが評価されるうれしさもありつつ、一方で「当時の新品より高くなってませんか?」という不思議な感覚にも陥る。何も考えずにリメイクしてしまったコント衣装のネルシャツも、もしかしたらオールドユニクロだったかもしれない。

その昔、マツタケ食べ放題のバスツアーに参加したとき、マツタケの前のリンゴ狩りでひたすらリンゴをふるまう農園のおばあちゃんがいた。ツアー会社の差し金なのではないかと思うほど、次から次へとリンゴをむいては手わたし、参加者の胃袋の余白を奪っていたあのおばあちゃんのエプロンも、今では立派なファーマーズかもしれない。

「ファーマーズ　古着」で検索し、いくつかのユーチューブ動画を観ているときに驚愕した。

えっ!　この「あまたつさん」って呼ばれてる人、僕の知る「あまたつさん」

で合ってます？？？

すさまじくオシャレな古着愛好家のイケおじが、なぜか「あまたつさん」と呼ばれている。どう見ても「あまたつ〜！」なんて気軽に呼ばれてやってくるような人の服装ではない。

え、知らなかったんですけど。あまたつさん、めちゃくちゃオシャレじゃん。すごいよ、あまたつさん。あなたって、バカカッコいい紳士だったんですね。ミシンを始めたことで気づけました。ありがとう、ミシン。こんにちは、本当のあまたつさん。

素材集めで街に出る

古着屋さんめぐりをしていたときのこと。おなかがすいて飲食店に立ち寄ると、にぎわう店内を切り盛りするおじさんが目に入った。

「店内たいへん混み合ってるんで、少々お時間いただきまーす！」

カウンターとテーブル席で構成された店内は、お客さんでいっぱい。その日はメニューの一部が割引になっていたので、ふだんよりさらに混んでいるようだった。空席待ちで並んでいた2人組の大学生が楽しそうに会話していると、その大将は言い放った。

「お席バラバラでもよろしいでしょうか！　ご覧のとおり、店内たいへん混み合ってますので、バラバラに座っていただけると助かります！　カウンターへどうぞー！」

声に圧があり、問答無用感を感じる。その言葉には「ここはおしゃべりする場じゃない。おいしいごはんを食べる場所なんだ」というメッセージが込められていた。ビリビリとした覇気は店内で食事中のお客さんにも伝わり、みんな黙々と食べるようになった。

大将が、弟子らしき青年にも厳しい言葉を飛ばし始める。

「2番さん、8番さん、水出てないよ！」「早く片づけて、席あけて！」「4番さんに先サラダ！」

どの指示にも「生半可な客商売すんじゃねーぞ」という気概が感じられ、弟子も口答えせず黙々と手を動かしている。チラチラ見える厨房での大将の手さばきは、まさに職人のそれ。

ただひとつ、大事なことをお伝えしていなかった。

ここは牛丼屋である。別に老舗でもなんでもない、チェーンの牛丼屋。

そうなると、大将、というか、おじさんのそれらがすべて怖く感じられる。所作があまりにも「うちは、自分がイチから作り上げてきた店なんですよ」すぎる。

もちろんここで話題にしたいのは「牛丼屋がプライドもっちゃいけないのか?」とか、そういったことではない。そうじゃないし、なんなら、おじさんが持ち前の職人プライドでこなしている業務ならぜんぜんいい。

ひょっとしたらこの状況は、おじさんがただキャパオーバーになって、ひとりで暴れているだけかもしれないのだ。

現に、弟子、というかバイトくんの顔がもうキレている。あぁ、すごく不機嫌そう。彼ははじめから黙々と作業していたんじゃなくて、キレちゃって返事をしなくなったのかも。おじさんの高圧的な指示なんて、師弟関係でもないと成立しないんだ。

「今、持ち帰りは入ってるぅ!?」

厨房からおじさんの大声が飛んでくる。無視するバイトくん。

「おい」「んだよもう……」「全部オレがやんなきゃなのかぁぁ!?!?」

ふと、学園祭の準備中に「私ばっかやってるじゃん!」と泣きだした同級生がいたことを思い出した。殺伐とはまさにこのこと。そして、様子がおかしいのはこのふたりだけではなかった。

「はあ～ぁ……!」客席の右隣のおばちゃんもキレ始めていた。店内に響く音圧をもった、不快感を伝えるための決意のため息。

気持ちはわかります。だって、こんなピリついた牛丼屋、イヤだもん。

おばちゃんの参戦に勇気をもらったのか、食事を済ませたサラリーマンが

「ドアを強く閉める」という行為で、イラ立ちを表現しながら店を出ていった。

「ん？　なんだあいつ？」

サラリーマンの去り際に疑問を呈すおじさん。そして次のひと言で、自分も食べたらすぐに店を出ようと決めた。

「……バカじゃねぇのかぁ？？」

あ、ダメだ。このおじさんはダメな人なんだ。

恐ろしい店に出会った。牛丼屋での我々の望みは、平穏に、スルッとあの味を食べたい、ただそれだけなのに。

あの日、あの店で牛丼を食べていたお客さんと感想戦をしたい。おばちゃんのため息にも賞賛を送りたい。

あと、これは定かではないが、おじさんの名札に肩書きがなかったので、もしかしたらあのおじさん、大将どころかバイトだったのかもしれない。そう思うとより怖みが増す。あの若い後輩バイトくんが飛ぶ日も、そう遠くはなさそうだ。

ロックバンドTシャツを着たおじさん

ここ最近、古着ブームの影響からか、いろんな街に古着屋さんがあり、生活圏外での仕事の際は、必ず調べて立ち寄るようにしている。

なかでもビンテージTシャツの値段には驚かされる。とてもじゃないが、手を出せない。3万円、とかがいっぱい。

昔、ゆずが好きで雑誌の切り抜きを集めていた時代に（そんな時代がありました）、印象的なページを見つけた。それは、笑顔のゆずが着ているTシャツごと物干し竿に干され「1900円以上のTシャツはTシャツと認めません！（笑）」みたいな文言を掲げているものだった。

ゆずのふたりがなぜ、笑顔で干されているのかはまるでわからなかったが「Tシャツの相場ってそんなものでしょ！」というメッセージは深く心に刻まれた。

そして、古着屋さんでキレイにたたまれた高価なロックバンドTシャツを見ては、中の人が「オレたちはそんな几帳面な音楽やってねーよ！」と言いたげだな、と思ってしまうのだった。

明大前に住んでいたころ、よく駅前の喫煙所でタバコを吸っていた。

当時の明大前駅利用者なら知っているかもしれないが、その喫煙所には、50歳過ぎくらいの、ポッコリおなかで脂ギッシュな、いつも少し揺れながら立っている名物的なおじさんがいた。

何をするわけでもなく、ただ静かに揺れているおじさん。タバコは吸わない、誰にも干渉しない、不思議なおじさん。

ある日、そんなおじさんが「KISS」のバンドTシャツを着てきた。胸元に「KISS」のメンバー全員がデカデカとプリントされたTシャツ。びっくりした。

あ、おじさんは激しめの音楽がお好きだったんですね。勝手にエンヤとかかと思ってました。

おじさんはポッコリおなかを「KISS」のメンバーに押さえてもらうカタチでTシャツを着こなし、舌を出してはしゃぐプリントとは真逆のテンションで、その日も静かに揺れていた。

と、そこへ、駅改札から女子大生7〜8人が出てきて、楽しそうに駅前にたまってしゃべり始めた。それ自体は明大前駅前ではよく見る光景だが、ここで見慣れぬことが起こった。

さっきまで揺れていたおじさんが、体を揺らすことなく、じーっと女子大生を凝視し始めたのである。

あらら。これは少し怖いかも。やめといたほうがいいよ、おじさん。その熱視線は危ういよ。どうしたの、急に。

おじさんの視線の先には女子大生。そして、そのなかには「KISS」のTシャツを着た女子大生がひとりいた。

……あ。なるほど。おじさんは僕が簡単に想像できるような、おかしな衝動によって女子大生を見ていたのではなく、ただ単純に「KISS」を見ていたのだ。舌を出していないバージョンの「KISS」を。

そっかそっか、それならオッケーだね。個人的にはそう思うよ、個人的には。でも、一般的にはやっぱり危ういよ？　だって、おじさんが女子大生を凝視していいことなんて1ミリもないんだから。

それからおじさんは何を思ったのか、女子大生たちがいる方向へゆっくりと歩き始めた。ゆっくりもゆっくり、1足分ずつちょこまかと、体を揺らしながら牛歩で女子大生たちに近づき、不自然な距離感で再び止まった。

さすがに女子大生たちも気配に気づき、硬直している。

え、何をしてるの、おじさん。

人通りのある、立ち止まっていいエリアではない場所で動かなくなったおじさんに、あたりの人も何事かと視線を向けている。

するとおじさんはグーッと背中を丸め、肩をすぼめておなかを凹ませ、できる限り体を折りたたみ始めた。

そして小さくなったおじさんは『ONE PIECE』のルフィが「ゴムゴムのぉ……」で溜める感じと同じ要領で、必殺技をくり出す前のような間をおいたあと「ううんっ！！！」と言いながら一気に胸を張り、おなかをふくらませ、その場でジャンプした。

躍動する胸元の「KISS」。

突然のことに固まっていた女子大生たちは小さく悲鳴を上げて、ハチに追われるかのように一気に退散していった。

逃げる「KISS」と弾む「KISS」。

おじさんは再び日陰に入り、小さく揺れ始めた。


あの日以来「KISS」のTシャツを見ると、おじさんを思い出す人生になってしまった。絶対に違うけれど、映画『リトル・ダンサー』を観ているようだった。それか『ナポレオン・ダイナマイト』。どちらも絶対に違うけれど。

憧れのユニフォームを探している

青春の半分をテニスに捧げてきたので、僕には憧れのプレーヤーが数多く存在する。

フェデラー、ナダル、サンプラス、アガシ、クエルテン……そんなプレーヤーたちのモデルウェアやTシャツをネットで探しては、シコシコとミシンをかける時間が幸福極まりない。

上京後、日本大学藝術学部に進学。歴代OB・OGがこの大学で学んだり中退したりしながら業界に羽ばたいていくなかで、僕は藝術学部の「テニスコート」をメインに生息していた。たとえ授業をサボったとしても、部活はサボらない。

あのね、テニスって楽しいんですよ。当時の僕は、芸術系の大学が集まって行われる「全芸杯」という大会で優秀な成績を収めるために大学に通い、テニスをするために日々を過ごしていた。

今、当時の自分に声をかけるとしたら「もう少し授業に出なさい」でも「将来のこと考えたら?」でもなく、その調子で頑張れ、かもしれない。別にいいのよ、テニスやっとけば。あのね、テニスってホントに楽しいんですよ。

おかげで僕は、1年生の段階でシングルス・ダブルスともに優勝、それから2連覇・3連覇と、全芸界を席巻していったのだった。

そんなわけで、今でも体を動かすとしたらテニスをやりたくなる。とはいえ対人スポーツなので、コートを借りて人を集めないとできず、やろうにも二の足を踏んでしまうことは多いのだが、ひとつだけ有意義な方法がある。

それは「壁打ち」。

公園や施設に存在するテニス用の壁、これがあれば、相手がいなくても自分ひとりで楽しめるのだ。対人ならぬ対壁。芸人になってからはもっぱら、この方法でテニスに勤しんでいる。

引っ越した先でもまず、近くにいい壁があるかを探す。なんなら下見もする。そのくらい壁が大事。壁もボールも友達。あと銭湯も。

以前住んでいた家の近所には、4人同時に並んで打つことのできる、とてもいい壁があった。しかも、昼の時間帯はおじいちゃんしかおらず、おじいちゃんたちが横一列に並んで黙々と壁にボールをぶつける姿は、大学時代の部活のようだった。

最高の環境。自分もそんなおじいちゃんたちに混ざって、平日の昼下がりにバチバチやらせてもらっていた。

そんなある日のこと、壁にひとりのご婦人がやってきた。シュッとしたスポーツジャージを身にまとい、ポニーテールにサンバイザーをつけたご婦人は、上手ではないけれど一生懸命で愛想もよく「こんにちはー、今日は暑いですねー」なんて言いながら、壁打ちに取り組んでいる。

しばらくすると、ご婦人の隣で打っていたおじいちゃんがポロシャツの襟を立て、見たことのないパワーショットを打ち始めた。

……ん？　これは、アピールしていらっしゃるのかな??

男子シニア壁テニス部に新たな風が吹いた瞬間だった。

ほかのおじいちゃんたちも、もっともスピードの出やすいサーブ練習に切り替えたり、それって試合で打てますか、と思うようなボレー練習を始めたりと、明らかにご婦人の視線を気にしているのがわかった。色めき立つ男子シニア壁テニス部。

するとご婦人が「その『スライス』ってどう打つんですか？」と、僕に声をかけてきた。

僕は高校の先生に「おまえはサウスポーだから、バックハンドはスライス1本でいけ」という無茶な指導を受けて以来、スライス1本で10年近くやってきていたので、ご婦人の目には、それが強烈に映ったのかもしれない。

諸先輩がた、すみません……パワーショットよりスライスでした。

僕はご婦人に少しだけコーチングっぽいことをさせてもらったあと、ちょっといづらくなったので、いったん飲みものを買いに壁を離れた。

そして時間をおいて戻ってみると、おじいちゃんたちが横一列になって黙々とスライスを打っていた。

な、な、なんだ？　何が起こったんだ⁉

そこには「わしのほうがうまいぞ」という空気をまとったおじいちゃんもいれば、単純にコーチングを盗み聞きして打ってみたくなった様子のおじいちゃんもいた。

男子シニア壁テニス部に、スライスブーム到来。

なんだか気はずかしくなった僕は、それからしばらくの間、その壁から離れてしまった。しかし、太陽の下でご婦人とおじいちゃんたちが壁に向かってスライスを打っている光景は、たぶんこの先も忘れないと思う。

あのとき襟を立てたおじいちゃんが着ていたアガシモデルのポロシャツは、昨今の古着ブームに伴って値上がりし、1万円以上の高値がついている。もし同様のポロシャツが安く手に入った折にはリメイクして、またあの壁に赴いてみたい。

ミシン用品売り場

コントをやっていると、小道具の買い出しに行くことがよくある。「確かアレは100均で見かけたよな」と、おぼろげな記憶を頼りにダイソーやキャンドゥなどをハシゴしていると、途中でようやく「あぁそうか、アレはスリーコインズだったか！」と思い出し、店に向かったはいいが結局ない、なんてことが日常的に起こる。そのたび、記憶ってアテにならないよな、と自分の脳を残念に思ってしまう。

つい最近、ミシンを始めて知ったのだが、100均にボビンが売られていることをみなさんはご存じだろうか。100均に通う生活を10年以上も続けてきたというのに、僕はまるで気づけなかった。「100均さんにお世話になってます！」みたいな顔をしていながら、面目ない。

ミシン用品って、思わぬところに売っていたり、逆に売っていなかったりする。たぶんこれ、ミシンあるある。

糸や針だけ欲しいと思って大型のホームセンターに行くと「手縫い用のみ」なんてことがあったり、逆に、ビックカメラには売っていたりするから不思議である（そもそも初めてミシンを買ったのはビックカメラです）。

家電量販店で「ミシングッズが欲しいんです」と言うと、店員さんが困惑しながら手元の地図や資料を見て探してくれる。ふだんあまりない問い合わせだからか、ランクが上のベテラン店員さんまでやってきて小声で相談が始まる日には、本当に申しわけない気持ちになる。


今回の話はそれとは逆で、かつて、バリカンを買いに家電量販店に行ったときの出来事だ。

近くの店員さんに「バリカンってどこの売り場ですかね？」と尋ねると、その人は１００％の笑顔で「ご案内いたします！」と答え、すぐさま歩きだした。力強い足どりで進むセンター分けのお兄さんはとてもキビキビしていて、僕はただそのあとをついていった。すると、フロアを大きく1周したところでお兄さんは
「この階じゃなくて下の階かもですね！」

と、ハキハキと言いきった。

え、じゃあなんで1周したの？「かもですね！」と言う声に、不安の色はいっさいない。いやいや、少しは不安がってほしい。「かも」って言っちゃってるんだから。

再び「ご案内いたしますね！」と言うハッキハキのお兄さんには、頼もし

さはあるが、頼もしさしかない。一緒にエスカレーターに乗っている間、これはいよいよあなたの持ち場じゃないフロアに行きますけど大丈夫ですか？と思ってしまった。

しかしその不安はよそに、売り場へはスルッと到着した。お兄さんの横顔には「一撃でここへ案内しました！」みたいな〝できるスタンス〟がにじみ出ていてイヤだったが、同時に、もしこの階じゃなかったらこの人はどうしていたんだろうという興味もわいてきて、僕はそのコント心も満たされないまま、短い店内ツアーを終了したのだった。

何種類もあるバリカンの棚を眺めていると、お兄さんはまたハキハキとした声でおっしゃった。

「どういった用途で？」

え、坊主を相手に、バリカンの用途を聞くバカがありますか？

「用途」というマニュアル感ただよう言いまわしも含めて、この人は外側以外全部、思考停止しているのかと引いてしまった。

「あ、自分で頭を刈っているので……」と伝えると、お兄さんは口をすぼめて少し難しそうな顔をしながら「なるほど……！」ともらしている。

……なるほど？「なるほど」って本気で言ってます？っていうか、なんですかその表情。坊主がバリカンを買いにくるのって、そんなに難しい理由じゃないですよ？

気を取り直したお兄さんはキリッと背筋を伸ばし「このあたりが人気ですよ！」と、いくつかの商品をおすすめしてくれたのだが、そこには「ヒゲ剃り用」のアイテムが混ざっていた。

あれ、坊主をナメてます？あなたって「ご案内します」「どういった用途で」「このあたりが人気です」の3単語だけを搭載したアンドロイドか何かですか？　じゃないとヘンですよ？？

僕は不信感をあらわに「ヒゲトリマーってバリカンなんでしたっけ？」と弱パンチをくり出してみた。するとお兄さんは

「こちらはですね、ヒゲだけでなく、短めの坊主にされるかたにもおすすめでして。というのも、長さが0.5ミリ幅で調整可能なんですよ。だいたいアタッチメントで調整幅が決まっていたり、あっても1ミリ刻みだったりするじゃないですか。細かな調整やグラデーションにも使えますし、充電すれば馬力もちゃんと出るので、髪を伸ばさず坊主をキープされているかたにはおすすめな商品になっております」

と、それはそれは流暢に説明をしてくださった。

……僕はヒゲトリマーを購入した。

家で使ってみると、なんとまぁ使いやすい。数年経った今でも、アタッチメント部分だけを買い替えて使い続けている。あのときのお兄さん、本当にナマ言ってすみませんでした……。

そして、数少ない坊主の読者のかた、ヒゲトリマーってマジでおすすめです。いつでも案内するんで、声かけてください。

雑誌でお勉強

定期的に書店の雑誌コーナーに出向いては、何か参考になるものはないかと眺めている。手芸コーナーを見たり、ファッション誌を見たり。

それまで手芸コーナーで足を止めることなどなかったが、ミシンを始めたのをきっかけに、世の中にはさまざまな趣味趣向があるんだな、と再認識させられるようになった。スポーツコーナーひとつとっても競技別に無数の雑誌があるし、文化系ならラジコンもあれば俳句もあって、クロスワードパズルだけでも何種類もある。

きっと世の中には、まだ見ぬ雑誌がたくさんあるのだろう。そして、それぞれのファンが支持する企画や情報、グラビアなどが存在するに違いない。

知らない世界の広がりを感じると、ワクワクしてくる。

昔『安住紳一郎の日曜天国』というラジオ番組に「石」の愛好家が出演したことがあった。その人はたくさんの石を集めた結果、自宅の1室を石置き場にしているのだが、重みで部屋が傾いているらしい。めくるめく知らない世界。笑いながらエピソードを語る愛好家の存在は、抜群に輝いていた。

自分にも忘れられない雑誌との出会いがある。

その名も『デンタルハイジーン』。知っているかた、いらっしゃるだろうか。

歯医者さんにある、歯医者さんのための専門誌である。

診察待ちの間、何げなく手に取ったこの『デンタルハイジーン』の世界がすごかった。とある号の背表紙には、こう書いてあった。

「患者さんの『思春期』にどう向き合っていくか」


「思春期」は知っているが「患者さんの思春期」は知らない。

思春期の子供が来院した場合、どう向き合うのか、ってことかなと推測はするが、もしかしたら、ぜんぜん僕の知らない思春期なのかもしれない。

患者の知らない患者の思春期。その背表紙をきっかけに、僕はずらりと並ぶ『デンタルハイジーン』を読むことが習慣になった。

当時「これは……!」と思ってメモした見出しを書き出してみますね。


『私はこうして乗り越えた! 患者さんのモチベーションダウンの危機』

『患者さんの心を動かす! ブラッシング指導トラの巻』

『はいしゃさんのアチョ~女神さま 毎日が刺激的!』

『ようこそ！　横田ペリオ道場へ』
『THE歯肉クイズ』
『マイクロスコープはおもしろい』
『ぼくのママは歯科衛生士』
『歯肉からはじまるストーリー』

全部ウソじゃないです。ホントに書いてあったので。
「おっ、今月は『歯肉クイズ』か！　ワクワクするなぁ！」と心躍らせてページをめくっている人がいるのかと思うと、知らない世界の深淵がホワイトニングのように輝きだす。「今月の『アチョ〜女神さま』は神回だな……よし、この号は永久保存版にしよう！」そんな学生が将来、歯医者さんになることを心から願っている。

そんなことを俯瞰する一方で、ＢＳで放送している『世界は布不思議』を観てまっすぐにドキドキしている自分もいるから、別にとやかく言える立場ではない。自分だって、人にはわからない趣味趣向にズブズブと足を踏み入れているのだと思う。

いつか「歯肉からはじまるストーリー」をドラマ化することがあれば、ぜひ脚本で携わらせていただきたい。

雑誌の型紙を使って挫折した夜

ふだんはリメイクばかりをしているのだが、たまにはイチから洋服を作ってみようと思い、雑誌を購入したことが何度かある。

「簡単型紙付き！」みたいな魅力あふれるふろく付きのものを選び、家に帰って広げ、細かな指示を読んでは挫折。よくわからない……。まぁね、自分には自由に切ってつないでする作業のほうが向いているよね、そうそう、それがＳＤＧｓだしね……と逃げるようにみずからを納得させて、考えるのを放棄する。志よりも、ふろくが大きければ大きいほうがいいという〝子供発想〟が勝った結果、図面を眺めて途方に暮れることになるのだ。

そんなわけで、今では〝積読学習〟状態になっている雑誌たちだが、それでも手に取るきっかけとなる「ふろく」の存在は、とても偉大である。横一線に見える雑誌のなかで、急に隠し玉のような角度からプレゼンされると、どうしたってそのお得感にやられてしまう。

芸人になったばかりのころ、映画を貪るように観ていた時期があった。毎週TSUTAYAに行ってはまとめ借りをし、夜な夜な観賞して、中古ＤＶＤ屋さんがあれば片っ端から、手元に置いておきたいＤＶＤを探して購入していた。今やどちらも絶滅に瀕した文化なのかと思うと、なんだか切なくなる。

ある日、３枚１０００円の中古ＤＶＤコーナーをあさっていると、強烈なふろくにぶち当たった。

ここでいうふろくとは、ＤＶＤについてくる特典映像のこと。「特典映像ナンバーワン決定戦」みたいな大会があったら、今でも迷わずこの作品を優勝に推したい。

それは、映画『パラノーマル・アクティビティ』のDVDについていた「稲川淳二と観るパラノーマル・アクティビティ」という特典映像である。まだ観たことのないかたは、本編を観賞したあとにぜひ確認してほしい。

これは強烈だった。特典映像を再生すると再び映画が冒頭から始まり、そこにワイプ画面の稲川さんが現れ、ずーっと一緒にストーリーを見守ってくれるのだ。

もちろん稲川さんは、ただ黙ってそこにいるような人ではない。「ヤですね～」「奥の暗闇、気になりますねぇ～」「これはどうなっちゃうんでしょうかね……」と、すべてのシーンにリアクションをしてくれるのだが、冒頭20分でホラー映画の見方をあらかた教えてくれたあと、急に黙り込んでしまった。ひととおり話したいことを出しきったのか、ペース的に話しすぎたのか。
とはいえ、副音声的に始まったんだから黙っちゃうのは違くないか、など
と完全に意識が稲川さんにもっていかれていると、今度は「古い家ですね
……古い家といったらね」と、映画のシーンから数珠つなぎ的に自分のエピ
ソードトークを始めるのだった。
これが映画とぜんぜん関係ない。というか、そこからはほぼ「稲川淳二の
こわ～い話」に切り替わっている。画面もなぜか、ワイプだったはずの稲川
さんが全画面になり、映画本編がワイプに閉じ込められる始末。そんなバカ
な、である。そんなんアリなの？
そして怪談話を真剣に披露した稲川さんは、ひとしきり話し終えると少し
黙り、再びワイプの世界へと帰っていった。
いや、帰っていった、じゃなくて。

なんなんですか、この特典映像は。企画した人が神。ものすごいバランス感覚。ふろくが本編を凌駕するのを、物理的に目撃した瞬間だった。

未見のかたには本当に観てもらいたいし、僕もあらためて観直して、その素晴らしさを再認識した。と同時に、昔とはまた違った感想をもった。これもミシンによる影響なのだろうか。

稲川さんって、キレイなマオカラーを着ていらっしゃるなぁ。

肥満くんの洋服を作ってみたい

デカいものに惹かれる性分なのかもしれない。

後輩に「ママタルト」の大鶴肥満くんという芸人がいる。肥満くんは200キロ近い体重の巨漢で、もうとにかくデカい。体のわりに機敏に動くし、しっかりと筋力もあって健康体らしいのだが、その時点でもうワケがわからなくて笑ってしまう。

そういえば昔、先輩である「うしろシティ」の金子さんが「女の子はデッカい機械が似合う」と言っていた。僕も確かに「ギターやハーレー」と「女の子」の組み合わせに惹かれる部分はあるのだが、肥満くんと出会ってその考えも変わった。

男がただ、デッカいものに惹かれるというだけの話なんじゃないか？
だって、何をしたって肥満くんがデカいんだもん。そもそも「肥満くん」ってなんだよ。ストレートすぎるだろ。奇面組だってもう少しひねった名前をつけるよ。

肥満くんのスケール感に圧倒され、想像のつかなさに魅力を感じている僕は今、彼の洋服に興味がありまくっている。

「サカゼンはサイズの単位が、なんかほかと違うんですよねぇ」そう話す肥満くんに対して、自分の感覚の範疇にある「同じMサイズでもブランドによってぜんぜん違う」をはるかに超えたニュアンスを感じ取り、惚れ惚れしているのだ。

ある日、男6人で入った居酒屋のテレビで、バカデカい怪魚を捕まえる「怪魚ハンター」のドキュメンタリーを観ていたときのこと。

「おぉ、すごい！」「デカいよコレ！　デカい！」と盛り上がり、ＣＭのタイミングで友人とふたりでトイレへ向かった。

すると、トイレ付近で同じ番組を観ていた様子の女性が、純粋そうに言い放った。

「怪魚を捕まえるのって、何が楽しいのかなぁ？」

ぴたりと止まる友人と僕。ＣＭを眺めながら、ぼんやりと続けるお姉さん。

「捕まえたら、なんかもらえるのかな？　もらえないんだよね？」「何が楽しいのかなぁ？」

悪意のカケラもなく、ピュアに話すお姉さんの言葉をまともに食らった僕らは、黙ったまま横並びで用を足していたが、友人がポツリと「怪魚、すごかったよね？」ともらしてきた。

いや、すごかったよ。何ヒヨってんだよ。なんせデカいし、迫力あったし、あのまま釣り上げられたら超すごいんだから。

ＫＯ寸前だった様子の友人をどうにか鼓舞して席に戻ると、ＣＭはとっくに終わり、黒々と日焼けした怪魚ハンターと怪魚の、壮絶なフィッシュバウトが展開されていた。

「おい、おせーよ!!」「これ2メートル級のヤツじゃない!?」「あー、竿が持ってかれてる!」

大熱狂も大熱狂。もはやみんな怪魚ファン。

ふと横を見ると、一緒にトイレに行った友人の目が空っぽになっていた。

友人はＫＯ寸前ではなく、完全に伸びきっていたようだ。もう怪魚ではなく、ケータイ画面を見つめている。

そんな友人をよそに「出たー！」「超デケー！」「うぇー！　気持ちわりぃ!!」と盛り上がる怪魚ファン一同。

すでに飲み干したグラスを口に運ぶという、無意味な行動をとっている温度0の友人。

そのわきを通過してレジへと進む、さっきのお姉さん。

怪魚ハンターが炙り出した人間交差点。

そんな夜を経てもなお、デッカいものに心惹かれてしまう自分がいる。いつか肥満くんのシャツを作ってみたいし、肥満くんのシャツから子供服が何人分作れるのか、挑戦させてほしい。

いつか自分の服で宣材写真を

　自分なんかにも「宣材写真」というものがあり、これまでいろんな場所で使っていただいているのだが、真剣に撮ったはずなのになぜか、いつも違和感がつきまとっていた。

　ただよう緊張感と「借りてきました！」みたいな衣装。

「見慣れなさ」という点ではもうだいぶ慣れたし、若手っぽくない雰囲気もあって、今では「もういいかな」と思えるようになってはいるのだが、撮った当初は方々から「芸人っぽくない」「革命家か宗教家のかたですか？」と、さんざんイジられてきた。

そんな宣材写真だが、撮影の日はとても悩ましかったことを覚えている。

そもそもどんな服でのぞめばいいかわからなかった僕は、当時よく通っていた中野の「FLEAKER」という洋服屋さんに素性を明かし、一緒に悩んでもらった。

「若手っぽくて……」「作家っぽさも出せるから」とあれこれ考えた結果、シャツとベストを購入。いざ撮影当日を迎えると、その衣装を着た僕に対してカメラマンさんは言った。

「服に着られていますす」

……はい？　服に着られている、だと？　バカおっしゃる。こちとら霊長類です。布に軸を握られることなんてありますか？

鏡を見て、あら、これは着られていますね、と思った。

サマになっていなさすぎる。なによりもう、顔がこわばっちゃってるもん。

衣装の着慣れなさと撮影への緊張感から、完全に負け顔になっていた。

慌ててベストをパカパカ羽織り直したり、ボタンを開けたり閉めたりして、着慣れ感を演出してみる。

そんなに急ピッチで修正できるはずはないが、そこは気の持ちようもあり、徐々になじんできたのか「あら、マシになりましたね！」とカメラマンさんが声をかけてくれた。

「マシ」という表現には少し引っかかったが、さっきまでの「とっちゃん坊や」みたいな状況は脱した模様。その勢いでカメラ前に入り、撮影がスタートした。

「いいですよ！」「笑顔パターンも！」と、カメラマンさんがプロの技でもって、こちらを乗せてくれる。撮影したデータはその場でパソコンに送られ、パソコン前でのチェック作業に入る。すると今度は、何十枚、何百枚と僕の表情をチェックしていた大竹マネージャー（現・社長）が言った。

「ちょっと顔の歪みがエグいですね」

エグ？　え、エグって言った？？　それはもう、服以前のお話で……？？？

プロの手によって撮られた膨大な写真と真剣に向き合ったマネージャーによるひと言には、それはそれは重みがあり、僕はどどどうしようとひとり焦ったが、まわりのみんなは爆笑している。

大竹さんは慌てた様子で「あ、いや、影の具合とかもあると思うんですよ！なんていうか、左側はよくって、すごく凜々しいし、なんていうかその、右側がちょっと……」と、すかさずフォローを入れてくれたが「……」の部分に内包された「エグ」は、しっかりと顔をのぞかせていた。

被写体が隠しきれないダメージを負っていると、カメラマンさんが巧みな提案をし始めた。

「では、向きで調整しましょう！　いいですか、塚本さん。今度は体の向きを斜め左、顔の向きを斜め右、それでいて目線はまっすぐにしましょう！」

無茶すぎない？　そんなあっちゃこっちゃ向いてる人、いますか？？

言われるがまま、体に無理をいってカチコチの体勢で撮影を続ける。

「おぉ！　すごい！」「歪みがマシになってる！」

大竹さんだけでなく、一緒に撮影していた「ザ・ギース」のふたりや相方もパソコンを見て感動し、やいのやいの言っている。

え、大丈夫なの？

被写体の心配をよそに「この調子でいきましょう！」と現場は進行し、顔や体、目線や足先の向きを絶妙に調整しながら撮られたのが、今の宣材写真となっている。あとで見比べたが、最初に撮った1枚からは数千倍マシになっていてびっくりした。

さすが、マジでプロですね。そして大竹さんのひと言がなければ、あのエグみのある画像が世に出まわっていたのかと思うと、感謝しかない。

とはいえ、もう10年も前の写真である。そろそろ撮り直す時期なのかもしれない。

次に撮影するときはもう少しカメラに慣れた自分であってほしいし、できれば、自分で作った洋服で写ってみたいと思っている。

感覚を信じて

リメイクを始めて2年半。これまで延べ200着以上の洋服を作ってきた。正確な数こそわからないが「ラバーガール」飛永さんが作ってくれたタグのおかげで、なんとなくの数は見えるようになった。少なくとも200着以上、タグをつけない私物やお直しも含めたら、300着くらいいっているかもしれない。

そう振り返ると、恐ろしいペースであれこれ作業をしているし、それだけの時間があると思ったら、もう少し頑張れた本業があったかもしれない。面目ない。

ひと口に「リメイク」といっても、僕のようにミシンでつなぎ合わせることもあれば、染め直したり、装飾し直したりと、世の中にはいろんな方法が存在する。さらにはつなぎ合わせる素材さえそろえば、いくらでもパターンは出てくる。最終的にどうつなぐかは感覚的なものなので、いつも「どうか合ってくれ」と願いながら作業をしている。

その際の判断は、芸人の肌感覚に近い。

ネタ作りでも「こっちのほうが、なんかおもしろそう」と思っては試し「よし!」となったり「あれー?」となったり。そんなことが毎日続くので、リメイクのトライ&エラーにも似た感覚を覚えるのだ。

お笑いを16年続けてきても平気でスベるし、リメイクでミスしたときも、なんだかスベった感じがする。「感覚に委ねる」というギャンブル性には、中毒性があるのかもしれない。

以前、ネット上で「日本一カワイイひらがな」を決めるアンケートなるものを見かけ、こんなに感覚的なアンケートがあっていいのか、と衝撃を受けたことがある。

全体の20%を超える支持を集めた第1位は「あ」で「なるほど、やっぱり下馬評どおり『あ』だったか」――そうは思えなかった自分が悪いのかどうなのか。感覚的すぎてよくわからない。

支持者のコメントに目を移すと、こう書いてあった。

「最初だし〝愛〟ってことばが好きだから」「このあふれる主人公感!」「主張しているようで調和がある」

……最初だし、なんてアリなの?

自分は「あ」に対して「あふれる主人公感」を感じたことがないので「この」と言われても困ってしまうし「主張しているようで調和がある」という

感覚的コメントには、もはやしびれてしまった。

第1位は「あ」だったわけだが、みなさんには第2位がわかるだろうか。「くるんとしていて、なんとなくかわいい」という理由から、第2位には「ゆ」がランクインしていた。

ランキングを見ていくうちに、このアンケートについている、感覚的すぎるコメントがだんだん好きになってくる。

第3位の「ね」は「意味も伝わるし、ね、が最高キュートで強い」から。「最高キュートで強い」という、聞いたこともないパンチラインに加え（45歳男性、マスコミ・広告）という発言者のスペックにも唸ってしまった。

そして第4位に入ってきたのは、まさかの「る」だった。「るん、って感じがするから」と答えた（31歳女性、金融・証券）に会ってみたい。悪い人ではなさそうだ。

さらに第5位の「ぬ」に関しては、確固たる自信をもって選んでいる人もいた。「〝ぬ〟は小学校の時から好きでした。なんでかよくわからないけど。もともとひらがなは好きだったのですが、〝ぬ〟のかわいらしさは別格です」（32歳女性、不動産）

「別格です」と言いきる感覚的根拠の自信。そもそも根拠って感覚的でいいんだっけ？　これまたよくわからないが、とにかくこのかたの人生のなかでは別格らしい。

同率5位だった「み」にも、お堅い職種のかたから超感覚的なコメントが寄せられていた。「マ行は基本的にどれもかわいいと思うから」（25歳女性、団体・公益法人・官公庁）

感覚なんて人それぞれ。自由でいいし、まず、このランキングでアンケートをとろうと思った人の感覚が素敵だと思う。もちろん感覚的に。

ちなみに最下位は「れ」だった。そう聞いて「れ」がかわいそう、というか「れ」だってかわいいだろ、と思ってしまった自分もまた、すごく感覚的な人間なのかもしれない。

こだわりはやがてオカルトになっていく

いつものように古着屋さんで洋服を見ていると、店員さんに「いい縫製ですよねー」と声をかけられた。

え？　縫製のよさからすすめるパターンってあるの、と驚いたが、僕の洋服の見方から、ミシンをさわっている人だとわかったのだという。

……それ、けっこうギャンブルじゃない？　確かに当たってはいたけど、それでも洋服自体を見ていたはずだけどなぁ……。

「目線でわかるんですよ。裏側の肩から裾まで、縫い目を追ってましたもん」

その店員さんからは言い当てた高揚感を感じなくもなかったが、なるほど、そうですか。確かに洋服を見るとき、気になったものがあれば裏返して、値札じゃなく縫製を見る流れがしみついてきているかもしれない。

上手にロックで処理されているんだなぁとか、やっぱりパイピング処理したほうがキレイですよねーとか、数年前の自分では考えられないスタイルのウィンドウショッピングになっている。

その日はそこまで縫製を見ている自覚がなかっただけに、それでももれ出ていたのかなと、少し戸惑ってしまった。そして、ぼんやりと思う。これはもうオカルトの入口だ。

【人のこだわりは、やがてオカルトになっていく】

そう考えるようになったのは、自分が〝サウナ好き〟のゲストとして呼ばれたラジオ番組でのことだった。

「水風呂から出たあとは、まず体の表面についた水滴を拭きますね。皮膚に水滴が残っていると、全体が同時にととのってくれないじゃないですかぁ。水滴の部分から先に冷えていってしまうので、なるべく均一に、せーので心地よくなっていくために、サウナに入っては何度も体を拭いて休憩して、をくり返してますねぇ！」

こだわりを聞かれて意気揚々と話し終えた僕に向かって、サウナに興味のない番組アシスタントの女性が言った。

「……そんなの、気のせいじゃないですか？」

あ、え、気のせい？　な、なんですか急に。ずいぶんな横やりじゃないですか。こっちはこだわりを聞かれたから答えてるんですけど。っていうか、あれ？　もしかして、引いてます？？

もちろん、僕のこだわりは気のせいなんかじゃない、はず。ずっとサウナに入ってきたうえで大事にしていることであり、自分のなかでは外せないポイントでもあり……しかし、ここでふと思った。

もしかしたら、興味のある人が深掘りしてこだわっているポイントって、興味のない人からしたら謎すぎる、なんならゾッとするようなものに映るんじゃないか？

現にそのときも、サウナ好きのパーソナリティは唸っていたが、アシスタントの女性は引いたまま帰ってくることはなかった。そして、人のこだわりは端から見たら「オカルト」に近づいているのかもしれない、そう悟った。


大学時代、写真学科の友人が、いろんなカメラで撮った同じネコの写真を見せてくれたことがあった。

カメラによって違う表情のネコを指して「温かみが違うでしょ？」とか「こっちは色みがパキッとしてて……」とか、楽しそうに話す友人。そこまではなんとなくわかったのだが、1枚の写真を手に取って光に透かすように見ながら放った次の言葉は、僕には理解ができなかった。

「でも、これがいちばん分厚いよなぁー！」

あのとき、彼は僕のもとを離れてオカルトの細道へと入っていった。

以前『タモリ倶楽部』の収録で「緊急時の野糞に対応できる、お尻に合った落ち葉を探す」という、企画からしてすでにオカルトな回に呼んでもらったときのこと。

「糞士師」こと、落ち葉ソムリエさんから「なぜトイレットペーパーがいちばんいいということに〝おさまっている〟んですか？」と問われた。

我々は今までおさまっていたのか——知らなかった事実を突きつけられると同時に、だからって落ち葉から最適解を見つけなくてもいいじゃない、という思いもわいてきていたが、さまざまな葉っぱの提案を受け、僕は片っ端からお尻を拭く体験をした。

「コレ見てください、コレ！　拭きやすそうでしょ？　極上ですよ！　これはね、ふっかふかの……」

最後にわたされたのは、ふっかふかの腐ったキノコだった。キノコじゃん。落ち葉はどこへ行ったのよ。

しかし、腐ったキノコでお尻を拭いた次の瞬間、僕はそのシルキーな肌心地に、目には見えないオカルトにタッチできた気がしたのだった。

自分が知らないジャンルに関しては怖さを感じる一方で、好きなモノであればあるほど、この「オカルト」にこそ魅力が存在しているように思う。

サウナでいえば、温度、湿度、水風呂の水温、サウナと水風呂の距離、休憩スペースの造り、イスの形状、水のまろやかさ、風の通り道……すべてを計算したうえで造られたサウナ施設にこそ行きたくなる。

あ、もう怖いですか？「まろやかさ」ってなんだよ、って感じですか？

いや、違うんですよホントに……。

でも、そういうオカルトにこそ、お金を払ってでもお邪魔したいのだ。

ミシンを始めて、縫製とか、変わった生地を見るとワクワクする体になったということは、もう立派に「オカルト」の入口に立てているのかもしれない。あの店員さんもオカルトからの使者で、あのときの僕は手招きをされていたのかも……。

うれしさ半分、異常性も半分。このまま順調に、細道の奥の奥へと進んでいきたいものである。

塚本ミシンとコントの仲間たち

1

2

3

1. YouTubeを始めてすぐ、声をかけてくれた「さらば青春の光」森田さん。大阪時代から2組でユニットライブをやったり、今でも幕張のライブをご一緒したりと付き合いは長く、森田さんとは昔から古着の話をよくしていました。もともと古着をリサイズして着ていた古着強者の先輩！　作業用のエプロンをもらって、それがすっかりユニフォームになっています。

2. 舞台衣装用にジャージ製作の依頼があり、今でもそれを愛用してくれているBKBさん。身近な先輩に貢献できるのも、ミシンをしていてうれしいことのひとつです。

3. 「パーパー」のあいなぷぅから相談された、コナンくん人形の帽子製作。人形の頭が想像の3倍は大きく、型紙から何からワケがわからなくなった結果、しばらくコナンくんを誘拐したまま放置してしまいました……。ともあれ、無事に完成してよかった！

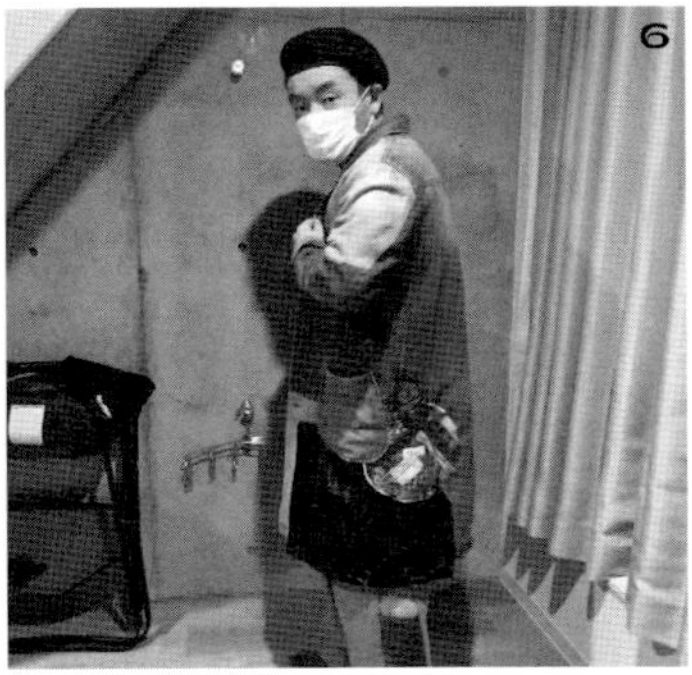

4. 泣く子も黙るおもしろ集団「ダウ90000」のメンバーにも、いろんなリメイク服をわたしています。さまざまな番組や取材で着てくれているのを見るたびに、うれしすぎる気持ちになります。

5. AR三兄弟さん率いる「テクノコント」というユニットで長年一緒にコントをやってきた「男性ブランコ」にも、ことあるごとにリメイク服をプレゼントしています。ふたりとも愛くるしいですよね。

6.「ななまがり」の森下さんはオフでいちばん洋服の話をする先輩で、ミシンを買ったときもYouTubeを始めるときも、すべて報告してきました。そんな森下さんが大事にしているデニムコートをリメイクさせてもらったときは、上京当時よく着ていた姿を見ていただけに、感慨深かったです。

7. いつの間にか「プーマ」しか着なくなった、中学からの同級生「うるとらブギーズ」佐々木くん。着なくなったシャツを預かって、プーマのサッカーシャツと合わせてリメイクしました。

8. キングオブコント・チャンピオンの１年先輩「サルゴリラ」児玉さんにも、１着作りました。優勝後、仕事が増えて体が大きくなり、サイズがきつくなってきたと聞いたので、また預かってリサイズしたいと思っています。

9.「マシンガンズ」滝沢さんが主催している「ごみフェス」に参加。芸人の着なくなった私物を預かってリメイク、生まれ変わった服が別の人の手にわたると同時にその売り上げが寄付にまわるという、あーこれぞSDGsなのですね、といった活動も体験できました。

10.『キョコロヒー』に出演した際、齊藤京子さん、ヒコロヒーの過去のライブグッズを預かり、それぞれ古着を合わせて1着のシャツにリメイクしました。収録後、僕が持ち込んだスカジャン×MA-1のアウターをヒコロヒーが本当に気に入ってくれたので、おまけでプレゼントしました。

11.元アイドルで芸人をやっていた「デカ渦」のライブ・フライヤー用衣装を製作。アイドル時代のメイド服に、ジャージをかけ合わせて仕上げました。

12.自分たちの単独ライブ・チラシ用の衣装も製作。同じ型の色違いのジャケットを混ぜ合わせたり、過去のライブTシャツを取り入れたりと、そろいで着てもしっくりくるデザインになるよう意識しました。

対談

ミシンという武器を手にした コント師はどう進化するのか

塚本直毅×飛永翼

塚本直毅のハンドメイド・プロジェクト「塚本ミシン」の誕生に大きく関わっているという、飛永翼（ラバーガール）。デビュー以来、数々のお笑いライブで同じ舞台に立ち、プライベートでもお茶飲み友達として親しいふたりに、その真相を語ってもらった。

おりしも「キングオブコント2024（KOC）」でラブレターズが優勝を果たした直後の対談となり、話題はミシンだけでなくさまざまな方向へ。

ポートレート撮影はこれまた旧知の仲である加賀翔（かが屋）が担当し、なごやかな雰囲気のなか、トークが始まる。

「塚本ミシン」は 飛永翼なしには存在しない

——塚本さんがミシンを始めたとき「塚本ミシン」としてのユーチューブ配信をすすめたのが飛永さんだそうですね。

塚本直毅（以下、塚本） そうなんです、まさに〝生みの親〟。飛永さんがいなかったら、いまだに何も始まってないでしょうね。

——具体的には、どんなふうに〝生み出して〟くれたのでしょうか。

塚本 まず「塚本ミシン」というネーミングからして飛永さん発ですし、そうじゃなかったら、みずから名乗ったりしないですよ「今日から『塚本ミシン』です！」なんて（笑）

飛永翼（以下、飛永） まあ、そうだろうね（笑）

塚本 そこから「リメイク風景をユーチューブで配信しなよ」「編集もサムネ作成もやるから」と、実作業を引き受けてくれたんです。僕はSNSとか苦手だから、自分じゃとてもそんなこと思いつかなかった。そのうえ「塚本ミシン」のロゴをデザインして作ってくれたり、のちのち物販するときには服のデザインもしてくれたり……。

——端から見れば「なぜそこま

で」と思えるほどの手厚いサポートですね。飛永さんはその思いとして「報われてほしいから」とおっしゃったそうですが。

飛永　覚えてないですね（笑）。いや、ラブレターズはお笑いへの愛は頑固なくらいにすごいけど、それを商売につなげるのが下手で、もったいないなと思ってたんです。もともとライブ主体で活動してたんですけど、コロナ禍でその本数が減ってしまって。ほかに何かやらないとこの業界、生き残れないんじゃないか、っていう不安があったんですよ。そんなとき、せっかくミシンを始めたというのに、それすらお笑いに生かそうとしてたので、別方向で動画配信すれば何かしらプラスにつながるんじゃないか、と思って。

塚本　僕としては、相方（溜口佑太朗）のコロナ療養中に何か趣味でも見つけよう、という軽い気持ちでミシンを買ったので、あとで話のネタになればいいや、くらいの感じで。でも、意外とハマって10日で33着リメイクしたときに、もうゴール達成！という気でいたんですよね。

飛永　リメイクした服の写真を見せてもらったら、これがすごくて。せっかくこんなにすごいことやってるんだから、もっと世に知らしめたほうがいいよ、と。僕は僕で、お笑い以外の能力を身につけたいと考えてた時期だったので、動画編集の勉強をしたり、デザインTシャツの販売をしたり。その一環として塚本くんをプロデュースする、っていう（笑）

――そこまでしてもらうとなると、ここだけの話、塚本さんからお礼をされたりは……？

塚本　お礼は……結局、受け取ってもらえなかったんじゃないかな？

飛永　塚本くんって本当にお金に執着がなくて、何か売り上げがあると全額、僕にわたそうとしてくるんですよ。でも、もらう意味がわからないから、動画の収益の何

%と決めて、そのぶんだけ受け取るカタチに落ち着きました。

――そうしてできた動画を観た相方の溜口さんからは、どんな反応がありましたか?

塚本　最初は引いてましたね。「いきなりミシンの動画が上がってきたけど、どうしたの?」って。単独ライブ前の時期だったので、ネタ作りも（おろそかにせず）ちゃんとやらなきゃ、と思ってたんですけど、そしたらすごい速さでネタを上げられたんですよ。溜口さん的には「それはそれで怖い」「あれだけミシンをやってて、なんでこんなに早くネタが上がるの、怖い」って（笑）

「さらば青春の光」効果で一躍知名度アップ!

――それほど趣味にハマるという経験は、これまでほかにもあったんですか?

塚本　いやぁ……あ、アサラト（アフリカ発祥の、木の実でできた民族楽器）は今も同時進行でやってますけど。

飛永　ちょっとヘンだよね……（笑）。普通、趣味ってさ、もっとフットサルとかさぁ。

塚本　サウナにも行きますけど、やっぱりミシンがいちばん性に合ってるかな。

――スタート当初、芸人さんでミシンが趣味、というのは珍しかったのでは?

塚本　同じころにコカドさん（ロッチ）が始めて、あとは劇団ひとりさんかな。当時はそのくらいしか聞かなかったですね。

――そんななか、塚本さんのミシン動画はどう受け止められたのでしょうか。

飛永　最初は再生数がそこまで伸びなかったんですよね。やっぱりマニアックなジャンルなので。

塚本　大きかったのは、森田さん（さらば青春の光）ですよね。

飛永　「森田さんから洋服お直しの依頼が来た…!」っていう動画を上げたとき、一気に伸びました。

塚本　森田さんにＳＮＳで広めていただいて。

飛永　編集作業をしていて強く感じるのは「塚本くんが頑張ってるなら持ち上げてあげよう」っていう、周囲のやさしさなんですよ。僕になくて塚本くんにあるもの……友達が多くて人間関係に恵まれてる環境（笑）。僕も含めてですけど、彼をかわいがってる人が多いってことだと思います。

（ふたりを撮影しながら）加賀翔　塚本さんが動画を1本アップしたくらいのタイミングで飛永さんに会ったんですけど「これ、僕が（編集）やってるんだよ」って、まわりに推してましたもんね。

塚本　いやぁ、ありがたいっす。

飛永　言い方が悪いかもしれないけど、僕がほかの人の動画編集をしてます、っていうおかしさをきっかけに観てもらえるかも、みたいな。ミシンをかけてる動画、とだけ言われても、なかなか観るきっかけがないでしょ？　それに、森田さんならチャンネル登録者数も多いしね。

塚本　森田さんが「ミシン始めたの？」「そんなんできるの？」っておもしろがってくれて、ツイートもしてくれて。「どうしたんすか？」って聞いたら「塚本はうちの専属ミシン屋やから」って言ってくださったんです。ＢＫＢ（バイク川崎バイク）さんからも声をかけていただくことが増えて。

飛永　そこの関係は、ちょっと嫉妬したかもしれない。

塚本　いやいやいや（笑）

飛永　かわいがってるのは僕だけじゃないんだ、僕だけの塚本じゃなかったんだ、って（笑）。「ここを何センチ短くするとカッコいいっすね」とか、塚本くんがそういうセンスをもってたことも、ミシンを始めるまでまったく知らなかったし。

塚本　もともと洋服は好きだったんですけど、古着屋をめぐるのもひとりだし、誰かに話すわけでもないし、まさかこんなカタチで生かされるとは僕自身、思ってもなくて。

「塚本ミシン」のタグは今やひっぱりだこの人気

――そこからTシャツなどの物販にまで発展したんですね。

飛永　せっかくだから「塚本ミシン」ってオリジナルタグを作って塚本くんが縫いつけてくれたら、それがウリになって買ってもらえるんじゃないか、って考えたんです。でも普通、タグって首のところにつけるもんじゃないですか。塚本くん、何も考えずココ（太もも部分を指さして）に斜めにドーンとつけたりするから。本当に意味がわからない。天才ってこういうことなんだな。

塚本　いやいやいや。ＢＫＢさんから、好きにつけていいって言われたんですよ。でも、ほかにもポケットから半分だけはみ出してるものとか。リメイクが完成したあとに、ただ置きたいところに置いて縫いつけてますね、はい……。

飛永　そういうセンスがあるってことも、タグを作るまではわからなかった。ＳＮＳでどういう写真を上げたら伸びるかとか、商売の目でしか見てなかったから（笑）

――飛永さんは、塚本さんが作った洋服を着たりしますか？

飛永　何着かもらって着てますね。そうそう、今日も着てこようか迷ったんですけど、ココ（袖）からニット素材の服なので……ちょっとまだ時期的に早いかな、って。

塚本　いろんな人にプレゼントす

るうちに「このタグがいいんだよ」と言ってもらえるようになって、人気が出てきたんですよね。「服を直すついでにタグをつけてくれたらうれしい」とか言われて、あちこちから。変わったところだと、あいなぷぅ（パーパー）から頼まれて（『名探偵コナン』の）コナンくん人形用の帽子を作ったんですけど、それにもつけました。

飛永　けっこう目立つ場所につけてたよね？

塚本　わりと（帽子のつばの）前面でしたね。

飛永　相手はコナンくんなわけだし、そこは控えめにするところじゃない？　意外と、自分を前に押し出す気持ちがあったんだ、と思った（笑）

塚本　あいなぷぅにも言われました……（笑）

――そうして、だんだんと世間にも存在を知られるようになっていくわけですね。

飛永　それこそ「塚本ミシン」としてテレビ番組にも出たよね。音楽に合わせて塚本くんが縫うという……。

塚本　さらに、その隣でコンテンポラリーダンサーが踊るんですよ。名づけて「コンテンポラリーミシン」（笑）

飛永　その状況を見聞きしたときに「お笑い的にこれ以上は何もないな」と思った。

塚本　（笑）

飛永　ミシンを笑いに昇華するクオリティを上げていくよりは、（作る）洋服のクオリティを上げるべきだ、って（笑）。……ふたりで会うと、こういう戦略会議ばっかりしてますね。先輩後輩（の関係）だから、塚本くんには迷惑かもしれないけど。

塚本　いやいや、ぜんぜん。どう考えてみても、お笑い的にコンテンポラリーミシンの先はないですから（笑）

飛永　理想としてはもっとブランド化して、海外進出とか、ショーをやったりとか……。

塚本　あぁ……いいっすね。

飛永　アイドルグループの衣装製作とかね、そういう体制を確立できれば……でも、お笑いでチャンピオンになっちゃったからな。コンテンポラリーミシンの方向に行っちゃうのかもしれない（笑）

「キングオブコント」優勝で「塚本ミシン」はどう変わる？

——遅まきながら「キングオブコント2024」優勝おめでとうございます。ミシンがお笑いのネタに生きているということはありますか？

塚本　ありがとうございます。どうですかね……僕らのネタって（KOCの決勝トーナメントで披露した）「光」にしろ、生活臭があるので、そのあたりは強化されてるかもしれませんけど。単独ライブでは、場面転換の間にスタッフがわざとコケて、僕が「服、破れてるよ」って駆けつけて縫う、みたいなボケはやりましたね。テレビ番組で「ミシンを使ったネタ」を求められることは、今のところまだないかな。

飛永　急にものすごく忙しくなって、なかなかミシンをさわる時間がないんじゃない？

塚本　そうなんですよ。なかなかできなくなっちゃって、ストレスですね。今日はこの本のためにミシンをかける様子を撮影したんですけど、やり始めたら、カメラを無視して没頭しちゃって……。

——ミシンの何が塚本さんをそこまで惹きつけるんでしょうか。

塚本　お笑いって、ゴールがないままひたすら突き詰めていくじゃないですか。KOCなら、このネタは決勝でウケるかとか、どこまで仕上げるかとか、結論が出ないままどこまでも（試行錯誤が）続く。でも、ミシンは完成前に徐々にゴールが見えてきて、実際にゴールを迎えて、っていう区切りを感じられるところが気持ちいいんでしょうね。

――KOC優勝を受けて「塚本ミシン」のプロデュース法も変わっていきそうですか？

飛永　去年、ラブレターズのKOC決勝進出が決まったときに「キングオブミシン」というTシャツを作ったんですよ。で、今年ついに優勝したので、その金色バージョンをさっそく販売中です（笑）

塚本　受注生産です！

飛永　今後は（ネタに登場する）「どんぐり」をモチーフに刺繍したり、キャラクター化したり。

塚本　それ、いいっすね！　いや、僕、何も考えてないな……（笑）。本当に趣味でやっちゃってるのかもしれない、ミシンを。

飛永　これは僕の考えなんだけど、いろんな武器を同時に走らせておけば、お笑いが伸びてるときはミシンを休んでもいいし、その逆もまたそうだし、息が長くなる。

塚本　長生きについては、いつも考えなきゃと思ってます。

飛永　ユーチューブをアップしておけば、バズったら伸びるし、受注販売を準備しておけば、売れたらラッキーとなるし。自分がそれで助けられた経験があるから、そういう仕組みを塚本くんにもつくってあげたいと思って。

塚本　ありがたいなぁ。

飛永　僕だけじゃなかったですけどね（笑）

塚本　いやいや、飛永さんは手厚いですよ！

飛永　ここから手厚いテレビディレクターとかが出てきて、持ち上げて、番組に使っていくんですよ。持ち上げたい人はいっぱいいる。

塚本　「急に出てきたな」と思っちゃいますよ（笑）。いや、でも僕ら、本当に潜伏期間が長かったから、まわりに喜んでもらえたのはよかったな、って単純に思います。

飛永　（しみじみと）本当にね。

――KOC直前のインタビューで、ラブレターズのおふたりが「そろそろ報われたい」と話していたのが印象的でした。

塚本　それはむちゃくちゃ思って

ました。けど正直、去年決勝に進んだときのほうが手ごたえを感じてたんですよ、優勝できるって。だから、去年（の内容や出来）でダメだったなら、今年はもう好きにやって帰ってくればいいや、って気持ちでしたね。そういう意味で、今年は気がラクでした。

――ご家族も喜んでいらっしゃるでしょうね。

塚本　2歳の娘がすごくおしゃべりしたい時期なんですけど、決勝当日、家を出るとき娘にハイタッチしながら「パパ、優勝できるかな？」って聞いてみたんです。そしたら急に真顔で黙っちゃって。それまではずっとニコニコだったのに（笑）

飛永　パパがテレビに出てるって、まだわかってないんじゃない？

塚本　確かに、テレビは基本『おさるのジョージ』しか観ないので。

飛永　じゃあ『おさるのジョージ』に出られるように頑張るしかない。

塚本　そしたら娘、きっとパニックですよ（笑）

飛永　子供番組に出られるようになるといいよね。

「塚本ミシン」の次なる展望は国政への参与？

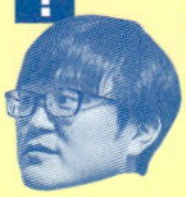

――お笑いで多忙な日々が続くと思いますが「塚本ミシン」としてはこの先、どんなことをやってみたいですか？

塚本　衣装製作かな。アイドルさんももちろんですけど、テレビを観てると、オリジナルのクレイジーパターンのシャツを着てる人とか、めちゃくちゃ多いんですよ。

それって、ブランド品以外でその人に合う服を、スタイリストさんが見立ててるってことなんですよね。実際、僕の動画を観てくれて「あの切り替えシャツ、カッコいいですね！」とか言ってくれるスタイリストさんもいて。なので、表舞台に立てるような服を作ってみたいですね。

飛永　どんぐりの刺繍を……

塚本　入れましょう！

飛永　ヘンなところに（笑）

塚本　あとは、マシンガンズの滝沢さんが主催した「ごみフェス」で、みんなが着なくなった服を集めて僕がリメイクして、売れたぶんを寄付する、っていう企画をやったんです。誰も損しないから精神衛生上もすごくいいし、ちゃんとSDGsしてる、って思えて。

飛永　そうやって少しずつイメージを上げてくと、国の仕事にまでつながったりして。

塚本　溜口さんからも「小池百合子（東京都知事）と握手するところまではいってほしい」って言われてます（笑）

飛永　意外と近いかもね（笑）

――お笑い芸人としてはいかがですか？

飛永　この前、大阪のテレビ番組に呼んでもらったときに僕、何も武器を持たずにいくのが怖くて、おせんべいを差し入れしたんですよ。そうしたら「こんなことしてくれた芸人はいない」って喜ばれて、番組でもおせんべいをイジってもらえたんです。だから、塚本くんも番組に呼ばれるたびに、関係者に何か自作の小物を配ったらいいんじゃないか、と思った。

塚本　なるほど。ハギレをわたしたりとか。

飛永　ＩＫＫＯさんでいうところの香水とか、丸山桂里奈さんの駄菓子とかみたいに。ＭＣにイジってもらえたり、共演者が写真に撮ってＳＮＳに上げてくれたりするかもしれないし。

塚本　巾着とか、タグをつけたハンカチとか……考えてみます。いや僕、思い返しても、これまで何も考えてきてないな……。飛永さん、本当にすごいっすね。

飛永　いや、たとえばライブの演出法とかを相方（大水洋介）に提案しても、シラッと反応が薄かったりして。そこはコンビ間ということもあるんだけど。

塚本　わかります。コンビの関係性だと難しいですよね。

飛永　相方どうしだと、家族から言われるようなもんだから。でも、塚本くんからは毎回「確かに～！」みたいな反応がくるから、僕は僕で、めちゃくちゃ気持ちがいい（笑）

“古さ”を感じさせたくない（飛永）

“人（にん）”を伸ばしたい（塚本）

――おふたりがお笑い芸人としてやりたいことや、これからの展望があれば教えていただけますか。

飛永　僕は、芸歴が長くなってきたからこそ“古さ”を感じさせたくないんですよ。どういうふうに新しく見せていくかは、つねに考えてますね。ネタの内容もそうですし、見せる場所も単独ライブからティックトックに切り替えたり。「ラバーガールってライブがおもしろいよね」から「若者に人気のラバーガール」になれば、またひとつ新しい名刺ができるわけじゃないですか。

塚本　僕はぜんぜんやってないんですけど、ティックトックは反響ありますか、やっぱり？

飛永　今、登録者数が65万人かな。

塚本　それはすごい。

飛永　それをフックにテレビに呼んでもらえたりもするし。お笑い好きに向けて活動するだけじゃ、仕事が回っていかない時代だという気がしてますね。名刺ができて、ようやくネタを見てもらえる。

——当たり前ですが「ラバーガール」としてのセルフプロデュースも怠らないわけですね。

飛永　やっぱり相方の大水がすごくおもしろいので、彼が売れない世界はおかしいと思うんですよ。そのおもしろさに対して仕事が少ないと感じたときに、お笑い好きのほうだけを向いてたらよくないのかも、と考えるようになって。それこそうちの相方、バラエティ番組のひな壇よりドラマに出るほうが好きなんですよ、（セリフを）しゃべったら必ずオンエアされるから（笑）

塚本　あぁ、それよくわかります。

飛永　だから、苦手なことを無理やりやるよりは、本人が得意で反響も大きい分野を伸ばしていくほうがいいのかな、って思います。塚本くんにも「ティックトックやったほうがいいよ」って、ずっと言ってるよね。

塚本　僕、まだインスタもティックトックも始めてなくて。今やってるXだけでも「ああ、何かつぶやかなきゃ」って焦っちゃうタイプだから。

飛永　インスタ向きだよ。作った服の写真、上げていったらいいんだし。

塚本　ストーリー（機能）とか僕、怖くて（笑）。「足跡がつく」とか何？　ミクシィ的な？　みたいな。そのあたりは勉強していかないとですね。

——塚本さんは今後、どんな活動をしていきたいですか？

塚本　ただ消費されるんじゃなくて、長く続けていきたいです。だから、バラエティでもドラマでもいただいた仕事を頑張って、演者としてやっていくというのが、まっすぐ正しい道な気がしてますね。

あとはドラマの脚本とか、書く仕事を積極的にやりたいです。

飛永　ＫＯＣで優勝して最初に出るのがこの本？

塚本　そうです。

飛永　お笑いのチャンピオンが最初に出す本が、ミシン本。

塚本　最高です（笑）

飛永　あの、もうちょっとさ……「ミシンのおかげでＫＯＣ獲れました！」って話にできないかな？

塚本　えっと……そうですね……ミシンって集中力が上がるから……没頭するって意味では……ネタを書くのもミシンをかけるのも同じなんですよね……机に置くのがパソコンかミシンかって違いで……ミシンが上達するうちにコントも伸びていったというか……。

飛永・塚本　……。

飛永　そういうの、どんどん言っていこう、嘘でも（笑）。でも、ラブレターズに対して「コントがおもしろい」「背がちっちゃい」くらいのイメージだったのが、ミシンを始めたことでおもしろがられて人と話す機会が増えたり、人間味が出てきてコントの味わいも深まったり、そういうことがＫＯＣでも点数アップにつながったと思うんだよね。

塚本　!!　じろうさん（シソンヌ）が審査のときに「人（にん）の力」「マンパワー」とおっしゃったんですけど、その「人」を培えたのは、ミシンをやってたから……

飛永　うん、うん。それ、それ。

塚本・飛永　……（笑）

飛永　ミシンをひたすらやってる人、というのがひとつ、おもしろポイントとして重ねられるように

なった感じはするよね。サブリミナル効果というかさ。ＫＯＣにも自作の服で出てる、ってことを、知ってる人は知ってるわけじゃない。そういうことの蓄積で〝おもしろ度〟は上がってるはずだよ、確実に。

塚本　そうか、結局つながるもん

飛永 翼
(とびなが・つばさ)

1983年生まれ。プロダクション人力舎の養成所にて知り合った大水洋介と、お笑いコンビ「ラバーガール」を結成。ツッコミを担当している。脚本や動画編集など、幅広い分野で活躍中。ラブレターズ・塚本とは「静岡出身」「酒を飲まない」という共通点があり、ちょいちょいお茶をともにする仲である。

なんですね。確かに底上げされてきてるかもしれない。シークレットシューズもはいてるし。

飛永 絶対ヘンだもん、そんなヤツ(笑)

――「ミシン×お笑い」の新しい可能性を楽しみにしています。本日はありがとうございました。

飛永 いろいろしゃべったけど、大丈夫かな、僕。感じ悪くない？ エラそうに聞こえないかな？

塚本 いやいや、そんなことないですって(笑)。今日も本当にお世話になりました。これからもよろしくお願いします！

（2024年11月　都内某所にて）

生活は続く

あれ？　もう40歳なんだっけ？　そう思ってゾッとすることがある。というか、ゾッとしている。こんなんでいいんだっけ？　けっこう短パンとかはいてるんですけど。40で短パンってアリなんだっけ？

昔は大人がとても立派に見えていた。思い出のなかで出会ってきた大人たちより、もう大人になっているのかと思うと、とてもじゃないが受け入れられない。だって、みんな立派だったし。長ズボンもはいていたし。

自分の足元を見てみる。「40」のマス目に立ってはいるものの、休日は相変わらず街をプラプラしながら洋服を見たり喫茶店でのんびりしたり、腹が減ったらラーメンかカレーを食べて、銭湯に寄って帰る。「よーし、これから大人になるぞぉ」と意気込んで上京した「20」のマス目から「移動」こそしているが「行動」がまるで変わっていない。

ゾッとする。え、マジでこんなんでいいんだっけ？　みんな、そんなもんですか？

僕はといえば、どの街に行くかしか変化がなく、どこでも先述のルーティーンで過ごしている。これを書いている今だって、都内のスーパー銭湯にいて、書き上がったら休憩所のヨギボーの上で『キングダム』の続きを読もうと、すでに計算を立てている。

スーパー銭湯のスケジューリングに頭を使う40歳になってますけど、それで合ってるんでしたっけ？　この文章の途中の「足元を見てみ」まで書いて、眠くて20分くらい腕を組んで寝てましたが、これでいいんですかね？？

不安には思うが、別に不満はないし、妥協して生きてきたつもりもない。自分はただ、自分なりの生活を頑張って続けてきただけである。

そんななかで「ミシン」の項目が追加されたことは、間違いなく大きな変化だった。ミシンは僕の生活にシームレスになじんでくれた。

街へ出て、古着屋さんで素材を探し、喫茶店でその素材から何ができるか想像してワクワクし、家に帰ってミシンを走らせ、おなかが減ったらラーメンかカレーを食べて、疲れたら銭湯に行く。

これでいいのだ。そうだ。結果的にバカボンのパパ・マインドになるのだ。本当にこれでいいのだ。短パンをはいて子供を抱きながら、ミシンを踏めばいいのだ。

「60」のマス目を想像する。そりゃもうさすがに大人になってますよ、と思いはするが、けっこう怪しい。だって実際「40」がバカボンのパパなんだもん。でも、それならそれでいい。また頑張って自分なりの生活を続けていこうと思う。それでは、ヨギボーの上でゴロンとしてきます。

……と、ここまでの文章（本書全体）を、キングオブコント2024の決勝前に書きました。

じつは、決勝進出が決まって本番がやってくるまでの約1カ月間、ひたすらこの「ミシン本」の原稿を書いていました。文字数にしたら、単独ライブの約3倍。事務所にこもって、書きに書いていました。

過去4回の決勝前を振り返ると、ネタの細かな詰め作業に追われ「これで決めるんだ！」と意気込んで決勝にのぞみ、なんともいえない気持ちになってその結果を飲み込んできましたが、2024年は一生懸命「ミシン本」

を書いて決勝を迎え、優勝……。

人生とはやっぱりわからないものです。力まず、日常と地続きの感覚で迎えられたことがよかったのかもしれません。ミシン様様です。

ひとえに、これまで腐りきらずに続けてこられたのも、応援してくださったみなさまのおかげです。ありがとうございます。どうにもならない時期もありましたが、先輩やお世話になっているスタッフさんが声をかけてくださり、そのたびに息継ぎをする感覚で生き延びてきました。

キングオブコントの予選で負け続けていたときは、ライブに出てどんなコントをやっても、そもそも求められていないんじゃないかと思ってしまうこともありました。しかし優勝後、SNSのなかに「いつの時代にどのライブに行っても、ラブレターズのコントは誰よりおもしろかったです」という投稿を見つけ、思わず泣いてしまいました。観てくれている人の存在がなか

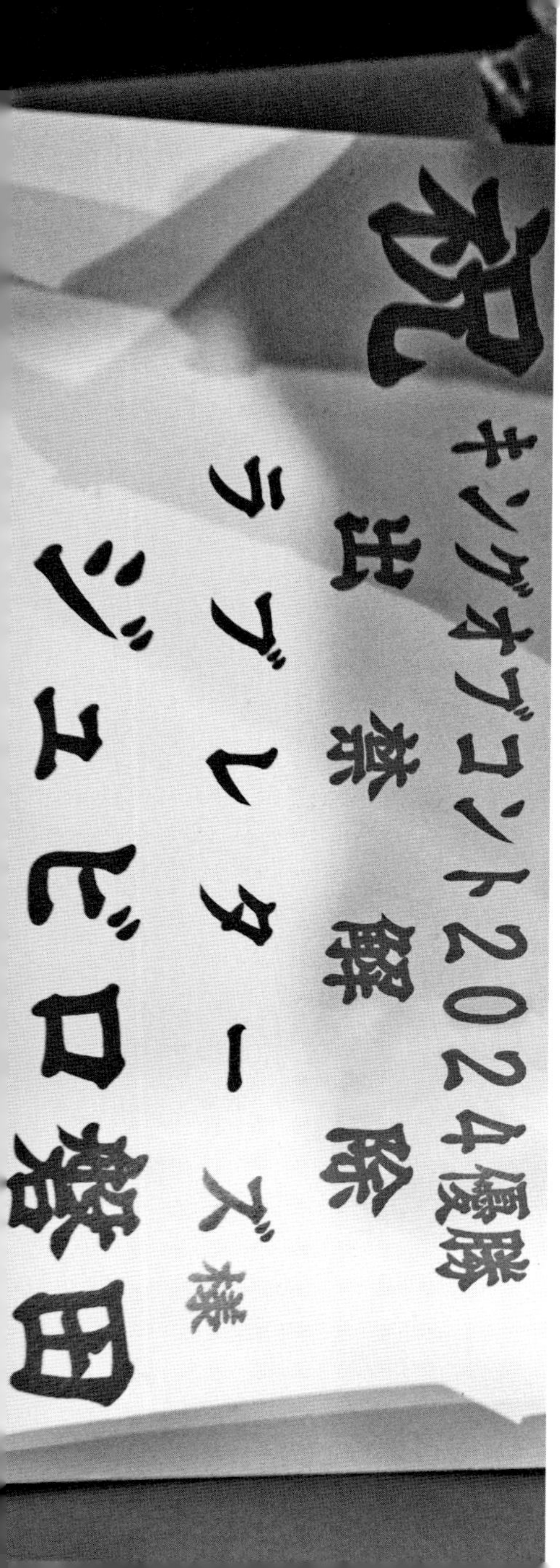

ったら、とっくに諦めていたと思います。

これからも、コントもミシンも、自分のペースで続けていこうと思います。

調べたら、バカボンのパパは41歳でした。もうしばらくは「これでいいのだ」の精神でやっていかせてもらおうと思います。

コントとミシン

2025年2月28日 初版第1刷発行

著者　塚本直毅《つかもとなおき》

発行者　三宅貴久
発行所　株式会社 光文社
〒112-8011 東京都文京区音羽1-16-6
☎03-5395-8172（編集部）
☎03-5395-8116（書籍販売部）
☎03-5395-8125（制作部）
✉non@kobunsha.com
落丁本・乱丁本は制作部へご連絡くだされば、お取り替えいたします。

印刷所　堀内印刷
製本所　ナショナル製本

撮影　加賀翔（かが屋）
デザイン　宮島信太郎（SHIRT）
インタビュー・文　麻宮しま
編集　平井茜

ISBN978-4-334-10557-0